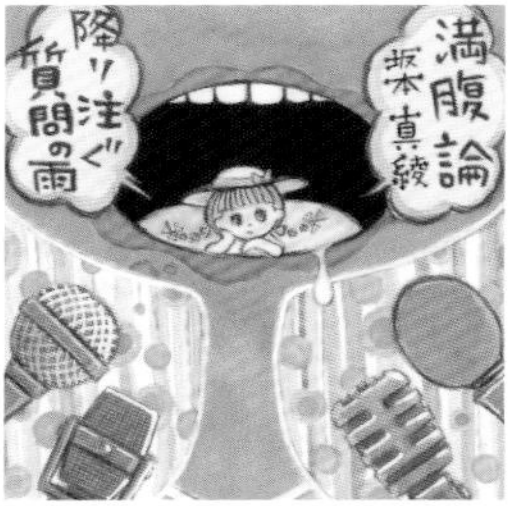
満腹論
坂本真綾
降り注ぐ
質問の雨

坂本真綾 満腹論 いつか

MANPuKuRoN.
MAAYA SAKAMoTo.

manpukuron
maaya Sakamoto

サメガール
満腹論
Fish
Maaya Sakamoto

MANPUKURON
MAAYA SAKAMOTO

満腹論
坂本真綾
Voice
VOICE

満腹論
坂本真綾

論
MaaYa Sakamoto
約束はいらない

MANPUKURON
幸せについて私が知っている５つの方法
MAAYA SAKAMOTO

MANPUKURON
NEWTYPE
201502
MAAYA
SAKAMOTO

MANPUKURON
Maaya Sakamoto

NEWTYPE

眉毛論
MAAYA SAKAMOTO

あたたかいコーヒーをください
SAKAMOTO MAAYA

満腹論
Maaya Sakamoto

満腹論
MAAYA SAKAMOTO

15歳の夏、私に起きたこと
満腹論
Maaya Sakamoto

MAAYA SAKAMOTO
満腹論

満腹論
坂本 真綾。

Thank you lady Would you like some cake?
MAAYA SAKAMOTO
満腹論

満腹論
MAAYA SAKAMOTO

MAAYA 満腹論 SAKAMOTO

満腹論
MAAYA SAKAMOTO

満腹論
MAAYA SAKAMOTO

満腹論
動く書斎
MAAYA SAKAMOTO

満腹論

Spring HAS come
満腹論

怪我の上塗り
満腹論
MAAYA SAKAMOTO
DANGER

MaaYa Sakamoto
満腹論

罠
MAAYA SAKAMOTO
満腹論

MANPUKU RON
MAAYA SAKAMOTO
言葉

満腹論
満腹論
MAAYA
SAKAMOTO

満腹論
Maaya Sakamoto

MAAYA SAKAMOTO

満腹論
MAAYA SAKAMOTO

坂本真綾
満腹論

MANPUKU論
9年ぶりのひとり旅
MAAYA SAKAMOTO

アイラブユー
MAAYA SAKAMOTO
満腹論

満腹論
MAAYA SAKAMOTO
けん玉
クレープ。
新発売

MAAYA SAKAMOTO
L'ambition
～大志を抱け
MANPUKU RON

ハロー、ハロー
私はここにいました
満腹論
MAAYA SAKAMOTO

満腹論
坂本真綾
食べてきた?

manpukuron
MAAYA SAKAMOTO
9年ぶりのひとり旅 その2

微笑みの気持ち
MANPUKU RON
坂本真綾

自転車の乗り方
満腹論
MAAYA SAKAMOTO

MANPUKU RON
Maaya Sakamoto
9年ぶりのひとり旅
その3

満腹論
サカモトマアヤ
新しいこと

マップクロン
質疑
応答
MAAYA SAKAMOTO

目の力を抜いて
MAAYA SAKAMOTO
満腹論

MAAYA SAKAMOTO
9年ぶりのひとり旅
No7
満腹論

満腹論
9年ぶりのひとり旅
その4
坂本真綾

MAAYA SAKAMOTO
世界は狭い
満腹論

満腹論
坂本真綾

MANPUKURON
坂本真綾

声が家出中。
満腹論
MAAYA SAKAMOTO

マアヤ
サカモト
MANPUKURON
9年ぶりのひとり旅
5

MAAYA SAKAMOTO
満腹論
お元気ですか?

満腹論
MAAYA SAKAMOTO
今日だけの宴

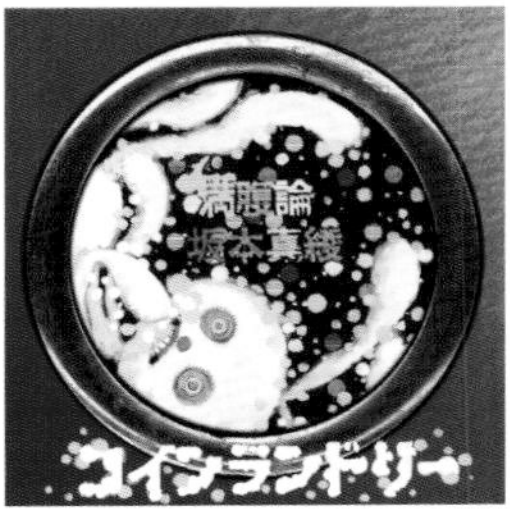
満腹論
坂本真綾
コインランドリー

Maaya Sakamoto

三人姉妹
MAAYA SAKAMOTO
満腹論

満腹論
坂本 真綾

坂本真

MAAYA SAKAMOTO
満腹論

25
坂本 真綾
MANPUKURON

坂本 真綾
MANPUKURON

坂本真綾
マイクワーク

いつか
旅に出る
日
坂本 真綾

満腹論
坂本
真綾

満腹論

坂本真綾
我が島へ
満腹論

種目別"奇跡"の起こし方
満腹論
MAAYA SAKAMOTO

自販機のハンバーガー
MANPUKU RON
Maaya Sakamoto

満腹 RON
MAAYA SAKAMOTO

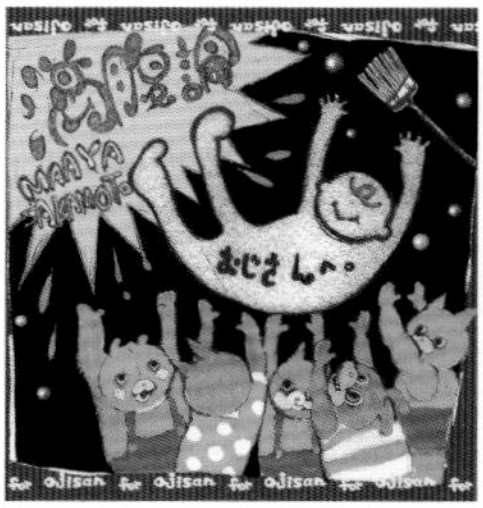
満腹論
MAAYA SAKAMOTO
おじさんへ
for ojisan for ojisan for ojisan for ojisan

MANPUKURON
刺繍
MAAYA SAKAMOTO

私より年下になった先生へ
MAAYA SAKAMOTO

ヒカルくん
満腹論
サカモトマアヤ

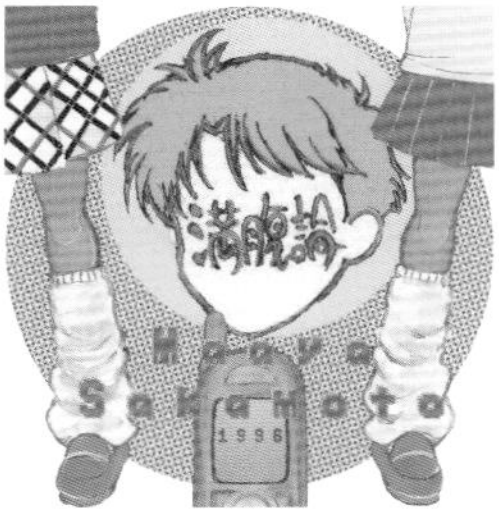
満腹論
Maaya Sakamoto
1996

論
ワンプレート 40代

お弁当足りなくて
Maaya Sakamoto
MANPUKURON

満腹論
坂本真綾
バウムクーヘン

坂本真綾
お土産を置いて
満腹論

Maaya Sakamoto
陽だまり

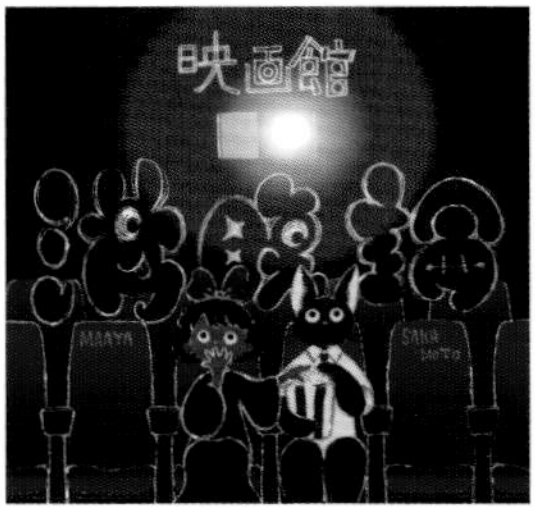

illustrated by 劇団イヌカレー

MANPUKURON

満腹論

-明日にかぶりつけ-

坂本真綾

MANPUKURON 082

幸せについて私が知っている5つの方法

15年1月

というのが私の新曲のタイトルです。なんだ告知かよ、と思ったあなた。告知ですよ。テレビアニメ「幸腹グラフィティ」のオープニングテーマで、「満腹論」単行本と同じ日に発売になるのです。「幸腹」「満腹」と不思議なシンクロニシティが起きていますが、まったくの偶然。しかも「幸腹グラフィティ」は料理上手な女子中学生のリョウが食事を通して周囲の人と関係を深めていくというお話。食べ方は生き方というテーマで6年も連載してきた「満腹論」とかなり通じるところのある内容です。これはもはや運命かと。

作中にはたくさんのおいしそうな料理と、それを食べる人々の至福の表情が描かれ、見ているだけでお腹が空いてきます。こういうの、飯テロ、って言うんですってね。オープニングテーマに関する会議の場で初めてこの単語を耳にしました。ネットで検索すると「食欲をそそる料理や食べ物の画像などをウェブ上にアップし、見る者を空腹感で悶えさせる行為のこと。空腹になっている人が多い深夜の時間帯に行われることがほとんど」と解説されていました。さらには「善良な市民に対し無差別に食欲を沸き立たせる、残忍で卑劣極まりない行為。これらの行為を絶対に許してはならない。これらの行為に決して屈してはならない」という記載も。いったい誰が書いているんでしょうね、バカですねぇ。

一般的な家庭よりは夫婦ともに帰宅が遅くなりがちな我が家では、深夜に料理をして換気扇からめちゃくちゃいい匂いが外に漂ってしまうことが多々あります。ご近所さんにしてみればもう寝ようかという時間に、あるいはテスト前の学生が猛烈に勉強している最中に、ＯＬがこんにゃくゼリーで深夜の小腹を満たそうとしているまさにその時に、なんだこの食欲を刺激する匂いはっ！とダメージを与えているかもしれません。あの家には飯テロリストが潜んでいると噂になっている可能性があります。

さて「幸せについて私が知っている5つの方法」という長いタイトルの新曲、作詞は岩里祐穂さんです。デビュー曲以来のご縁で、私にとって恩師であり親戚のお姉さんのような、とても大切な人。久々にゆっくりご飯を食べながら打ち合わせしましょうとお誘いしました。ワインを飲みながら、打ち合わせというには楽しすぎるおしゃべり。出会った頃高校生だった私と、相変わらずチャーミングな岩里さん。なんだか年齢はどんどん近づいているような気がします。数日後に送られてきたこの歌詞を読んで、そこから漂う幸福感の香りに魂が刺激されるような、何とも言えない良い気持ちになりました。街を歩いていて鰻屋《うなぎや》さんのいい匂いに思わず足を止めてしまうときみたいに、この曲を深夜に偶然テレビで聴いた人がふいに自分にとっての幸せの方法を数えてみたくなるような、会いたい人に会いたいって言いたくなるような、そんなオープニングになればいいなと思います。

幸腹、満腹。

私がCDデビューした頃、というのはザッと20年前なんだけれど、ビクタースタジオの1階には喫茶店があった。よくそこで打ち合わせをしたり、インタビューを受けたりしたものだ。音楽関係者ばかりが出入りする場所なので、ときには有名アーティストがすぐ隣の席でお茶していてドキドキすることも。あの頃は甘いものが大好きで、私はいつもココアばかりオーダーしていたっけ。店がなくなると聞いたときはみんなたいそう残念がった。今では改装されモダンなロビーになっている。

昔はビクターの山中湖スタジオでのレコーディングも多かった。特にセカンドアルバム「DIVE」に収録されている曲はほとんどそこで生まれたものだ。緑の森の中、澄んだ空気と静けさに包まれ、夜にはたくさんの星が見える。大学1年の夏休み、時間だけはたっぷりあった。10日間ほど山小屋のようなかわいらしい建物にこもって、みんなで寝食をともにしながら1枚のアルバムを仕上げていくなんて、今思えばとても贅沢な時間だった。夜7時くらいになるとスタジオの内線が鳴って「夕食できました〜」と食堂が知らせてくれる。毎晩それが楽しみで楽しみで。レコーディングの真っ最中でも中断してご飯タイムになった。あんなにお世話になった大好きな場所だけど、今はもうないのだ。寂しいものだなあ。

MANPUKURON 083

マスターズみそ汁

15年2月

アフレコスタジオの場合、専用の食堂が併設されているところはほとんどない。いや、昔はいくつかあったんだけれど、その多くが閉店してしまった。そんな中今も変わらず愛される某スタジオ内の食堂がある。食堂といっても小さなロビーに、小さなキッチンとカウンターがあるだけ。マスターがたったひとりで切り盛りしている。私がこの仕事を始めた頃、というのはザッと27年前なんだけれど、当時すでにかなり年季の入った鍋で調理していたから、きっと長い歴史があるのだと思う。

小学3年生のとき、マスターと初めて会話した日のことを覚えている。寡黙で、子どもの私にとっては目が合うと緊張しちゃうような人だった。みんなが一斉にお昼休憩をとる、そんな忙しい時間帯には眼差しが一層厳しくなって特に怖かった。でもある日、混雑のピークを越して食器を片付けながらマスターが「すっぱいもの好き?」と真顔で尋ねてきたのだ。何のことかよくわからなかったが、恐る恐るうなずいた。するとと搾りたてのレモン果汁に炭酸とシロップを混ぜた手作りレモンスカッシュをサービスで出してくれたのだ。おいしかったなあ、本当に。あの日から、すっかりマスターの優しさの虜《とりこ》なのだ。

今もそのスタジオで仕事があると朝からウキウキする。生姜焼き、コロッケ、サバの塩焼き、どれも最高だけれど、定食についているみそ汁がなんだかやたらおいしい。そこらへんに、マスターのぬくもりや実直さがにじみ出ているような気がする。私も自分で毎日のようにみそ汁を作るが、特にうまくできたときは「あ、マスターの味に似てる」と自分を褒める。満腹。

ベツバラ　このエッセイが掲載された「ニュータイプ」を持って、ものすごく久しぶりにマスターに会いに行った。内容を読んでたいそう喜んでくださった。久しぶりのカニクリームコロッケ定食もいただいて、相変わらず美味しかった。さらに時は流れてその数年後、スタジオ移転にともない、マスターの小さな食堂はなくなってしまった。あの味にもう再会することができないなんて寂しいけれど、マスター長い間本当にお疲れ様でした。ごちそうさまでした。

MANPUKURON 084

ヴァージン・アトランティック航空

15年3月

ヴァージン・アトランティック航空がこの2月、日本から撤退してしまった。私の旅と人生に大きな影響を与えたヴァージンさんが。寂しい。

何でも第一印象が肝心というけれど、私がこんなに海外旅行好きになったのも間違いなく、初めての海外で訪れたロンドンがとっても素敵な旅だったからだ。まあ、そりゃそうだ。だってレコーディングで行ったんだもの、渡航費も宿泊費もぜーんぶ出してもらえて、おいしいレストランに連れて行ってもらえて、自由時間にはウエストエンドでミュージカルまで観ちゃったりしたんだから。その上イギリスの有名ミュージシャンに演奏してもらい、伝統のあるスタジオで歌えたなんて、二十歳そこそこの小娘のくせになんて生意気な初海外！これ以上ないほどスペシャルな10日間を過ごしておきながら、それでも一番印象に残ったのは何かと聞かれると「飛行機」って答えるんだから、ますます憎たらしい。

しかしそれほどまでにヴァージン・アトランティック航空は私にとってカルチャーショックだった。搭乗するとまず聞こえてくるUKロックのBGM。エコノミークラスでも個人用テレビがついていて、座席のスペースにも余裕がある。アメニティのデザインがすごくおしゃれで、CAさんの制服も洗練されてて、とにかくすべてがかっこよく映った。そして国際線ならではのお楽しみ、機内食！高度1万メートルの上空であったかいパンが出たり、アイスクリームが配られたり、深夜にお腹が空いた人向けにはカップ麺まで用意されていて、こんなに楽しいアトラクション的な食事があるなんて。ビーフかチキンかは一応選べても、フタを開けてみるまでどんな料理かわからないところも楽しい。

実は私、高校生で歌手としてデビューしてからもしばらくの間、そのまま芸能の仕事に就くかＣＡを目指すか決められなかったくらい、飛行機が大好きなのだ。それまで日本の会社の飛行機しか乗ったことがなかったけど、海外には個性的なエアラインがたくさん存在しているんだと初めて知って、この瞬間ついに私は自分の行く道を決めることができた。もしもどこかの航空会社に勤務したら、世界各国のいろんな飛行機に乗ってみるという楽しみは味わえないかも。よし、やっぱり芸能の道にしよーっと！　というわけで今に至る。

長時間のフライトは苦痛でしかないって人もいるけど、私にとってはただの移動じゃない。旅のイントロを盛り上げ、アウトロに心地よい余韻をもたらしてくれるエンターテインメント。たとえニコリともしない無愛想なＣＡさんに出会ったとしても、機内食の味がイマイチだったとしても、個性と受け止め楽しめる。だからいつもできるだけまだ乗ったことのない航空会社を選ぶ。でも、イギリスに行くときだけは必ずヴァージン。だったんだけどな。私を未知の領域へ連れ出してくれた翼。まるで初恋みたいな、特別な存在。いつかどこかでまた巡り会えたら。満腹。

MANPUKURON 085

潜入!
ニュータイプ編集部

15年4月

30周年を迎えた月刊ニュータイプ。ついに編集部への潜入に成功した。これはその報告書である。

今年1月に発売した単行本「満腹論」。カドカワオフィシャルストアで受付期間内に予約した方への特典として私の直筆サインを入れることに。約6000冊。想定を遥かに上回る数に怯んだが、おかげで長時間に亘り編集部内部を偵察する絶好の機会に恵まれたのだ。

発売2週間前に本が刷り上がり、サイン入れスタート。大会議室にテーブルを長く繋げて並べ、スタッフはサインするページを開いた状態にしてズラーっと並べる。私はキャスター付きの椅子に座り机の端から端までサインを入れながら移動。その繰り返しだ。本を並べたり集めたり梱包したりと人手が要るため、通常の業務の合間を縫ってスタッフが入れ代わり立ち代わり手伝いに来た。だが初日、ほぼ無言。積み上げられた本の山の威圧感に、これ本当に全部やるの?と、皆現実を受け止めきれない様子だった。

しかし順調にペースを掴み、どんどん連携が良くなった。心に余裕が生まれたためか2日目以降は会話も弾み終始和やかなムード。話題の中心は満腹論らしく、食である。ここの女性陣はかなりのグルメ揃いのようだ。しかし要注意人物も発見。O氏は女性らしい清楚な外見に反し、料理はまったくしない、シンクがいっぱいになるまで洗い物も溜めてしまうと言い放つ。そんな人が満腹論の担当者である。一度、彼女とはおいしい物を食べながらじっくり反省会をする必要があるだろう。

　20年前ニュータイプで私のデビュー作品を担当していたE氏（現在は部長）も多忙の中駆けつけた。思い出話に花が咲く。入社2年目の若者H氏とは初対面だったが、驚いたことに彼は学生時代から私のライブや舞台に何度も足を運ぶほど、熱心に応援してくれていたという。この2名のコントラストが、私自身の20年間の歩みに重なり、感慨深い。

　まったく別の部署に所属しているS氏まで「満腹論の愛読者なので」と自ら志願して参加。手には差し入れの干し芋を4袋も携えて。間違いない、彼女は本物の愛読者だ！　エッセイに何度も登場している、隠れた私の好物。作業に疲れると会議室のすみっこで干し芋をハムハムとかじり、元気を補給した。ポパイにはほうれん草、坂本真綾には干し芋、基本である。

　予定より17日も早く作業終了。サインを書けるのは私しかいないが、編集部総動員でのサポートがあったからこそ成し遂げることができた。
　最後の1冊を書き終え、拍手が湧き起こる。その瞬間私の中に生まれた感情は達成感と、そして寂しさだった。明日からここへ来る理由がなくなってしまった、と。この場所は居心地が良い。雑誌編集の職務は重労働であるにも関わらず皆笑顔を絶やさず、個性を尊重し合いながら結束し、誇りを持って毎月新しいニュータイプを世に送り出している。今回の捜査で、この雑誌が多くの人に愛され続ける理由が分かった気がする。報告は以上。満腹。

ベツバラ　あれから8年。「満腹論」の連載がまだ続いているだけでも驚きなのに、ふたたび単行本としてまとめることができるなんて感慨深い。でも、もしかしてまたサインするの？　え？　やるみたいです。頑張ります。

MANPUKURON 086

眉毛論

15年5月

太眉がトレンドの現在、この、ありのままにボサついた眉が「いいね」と言われるようになりました。メイクさんからも、形も良いし描きたい足す必要がないと褒められます。時代は変わった……90年代の細眉ブームの頃は真逆だったのに。高校2年生で歌手デビューしたばかりの頃はメイクさんに「眉は整えない方がいいんですか？」と質問されることがすごく多かったのです。この野性的な眉には何かポリシーがあるのか、単にズボラなだけなのかを確認したかったのでしょう。「少しカットしてもいいですか？」と言われるたびに私は「いえ、祖母の遺言なので」と断ったものです。当時おばあちゃん、まだ生きてたけど。

　祖母は私の顔を見るたびいつも「あんたの眉はほんっに立派か！　良か眉けん、抜いたりせんがよかよ」と言っていました。耳にタコですっかり刷り込まれてしまったんです。私の眉は良か眉、絶対に触らんばい、と。遺言とまで言われたら、もう無理に勧める人はいません。私としては、祖母があんなにも愛して褒めてくれた私の個性を「今っぽくない」というだけで否定された気がして、反抗したい気持ちもありました。

　そんなあるとき、撮影で、初めて会ったメイクさんが「目をつぶってください」と声をかけた後、何の迷いもなくいきなり私の眉に思い切りハサミを入れてきました。びっくりして目を開けると「あ、閉じて閉じて～」とまた促され、なんとなく拒否できず……。若かったんですねえ。今なら「ストップ！」と言えるけど、10代の私はなぜか遠慮したように黙り込んでしまいました。「できましたよ〜」と鏡を見せられたときにはもう、私にそっくりな別人が。ほんのちょっとの違いで顔の印象をガラッと変えてしまう、眉の存在感って凄い！　確かに今っぽくはなったけど……似合ってない。単に顔だけの問題だけじゃなく、私の性格や雰囲気や気分に似合わないのです。結局、完全に元通りに生え揃うまで1年以上かかりました。そんなこともあったのに今じゃ太眉でラッキーなんて思える風潮なんだから不思議ですね。流行は一瞬のもの。でも個性は一生もんです。自分では好きじゃなかった凛々しすぎる眉毛を、個性だと、しかも好きだと言ってくれた祖母に感謝しています。

この4月、歌手デビュー20年目に突入します。20年の間にファッションも食べ物も言葉も音楽も、さまざまな流行が生まれ、過ぎ去っていきました。時代のムードが変わり続ける中、マイペースながらも一貫した心意気を持って歌い続けてこられたのは、本当にありがたいこと。それはもしかしたら、良くも悪くも流行にはいまひとつ乗りきれない私の性分が幸いしているのかもしれません。どんなに状況が変わっても常に自然な自分でありたい。そのために、自分が好むものをひとつひとつ丁寧に選び続けるというやり方は、私の20年を支えてくれた強固な礎《いしずえ》です。

噂では近い将来また細眉ブーム来るらしいですよ。どんと来んしゃい、ありのままで行くったい。満腹。

MANPUKURON 087

ケータリング論

15年6月

撮影や取材のとき、イベントやライブのバックステージ、長時間にわたる音声収録など、スタッフさんが軽食やお菓子を用意しておいてくださるというシチュエーションがけっこうあります。ありがたいですね。しかしなぜだろう、どの現場でも必ずそこにカントリーマアムがあるのは。これまで数多くのスタジオやオフィスにお邪魔してきて、いろんな人とお仕事をしてきたけど、どこに行っても必ず出てくるカントリーマアム。でなければ、アルフォート。しょっぱいものならハッピーターンか歌舞伎揚。と、相場は決まっているのです。まるで日本中の企業が会合を開いてケータリングの内容を取り決めているのではないかと思うほどに。

そんな中、ときどき意表をつくものがラインナップに含まれていたりするとそれだけでテンションが上がって、なんだか一層やる気が出ちゃうものです。たとえば季節感を意識したものとか、むきたてのフルーツとか、地方でならその土地ならではの食べ物があるとか。某アフレコスタジオにはコーヒーや緑茶などオーソドックスな飲み物の横にインスタントみそ汁サーバーがあって自由に入れて飲めるようになっているんですが、これも珍しくてなんか嬉しい。小腹が空いたとき重宝します。

以前韓国でライブに出演したとき、現地スタッフの方が楽屋に用意してくださったのはボウルに山盛り積まれたフレッシュなプチトマトでした。これには日本から来たメンバー、特に女性たちはみんな歓声をあげて喜びました。こんなヘルシーで手軽で気の利いたケータリング、日本でもぜひ取り入れてほしいよねーと。

　ニューヨークでマスタリングをしたときは、共有スペースにスタジオの利用者なら誰でも使える広々としたキッチンがありました。冷蔵庫も自由に開けて、中のドリンクやヨーグルトなど何でも食べていいのです。テーブルにはデニッシュやクッキーが。世界中から来ているたくさんの一流アーティストたちに混じって、しかも窓から自由の女神が一望できて、なんてゴージャスな場所なんだと目眩がしながら頬張ったバナナマフィン最高でした。

　最近いちばん嬉しかった差し入れは、某アニメ作品のオーディオコメンタリー収録の場で。ズラリと並べられていたおなじみの品々（もちろんカントリーマアムも歌舞伎揚もありました）の中に、どう見ても異質なものが。さりげなーく、干し芋が2袋置かれているではありませんか。他の出演者の方は意図がわからず「？」という顔をしていましたが、干し芋といえばまさしくそれは私の大好物。ありえない。過去にケータリングに干し芋がある光景は見たことがない。なんとスタッフさんの中に「満腹論」をご愛読くださっている方がいたのです。優しさに感動。私は小躍りしたあとで、2袋の干し芋を開封せずそのまま鞄にしまって持って帰りました。あー満腹論書いててホントよかった、満腹。

MANPUKURON 088

幸せな後悔

15年7月

4月、さいたまスーパーアリーナでライブをした。20周年記念として開催した一日限りのスペシャルライブ。デビューからの道筋を辿るような、現在地が示せるような、そして未来に想いを馳せることができるようなセットリストを、一生懸命考えた。書いては消し、並べては崩し、リハーサルが始まってからも試行錯誤を繰り返し……でもこれまで２００曲近い歌を歌ってきた私にとって、たった1回のライブでそれをぜんぶ網羅するのはほとんど不可能なことで。我が子のように愛する曲がこんなにもたくさん生まれてきた証なのだと幸せな悩みを噛み締めながら、私なりに厳選した28曲を携えて当日を迎えることになった。

ライブにはいつも親しい人を招待したりするんだけれど、節目の今回は特に、これまでいろいろな場面で支えてくださった方々にぜひご覧いただきたいと、思い浮かぶ人の名前を次々と書き出してみた。最近あまり会えていなくても、たとえ観に来られなくても、お誘いすることで私が今とても充実していることを報告できる機会にもなると思って。児童劇団時代の恩師、主題歌を歌わせていただいたアニメの監督さんや原作者さん、長年通っている整骨院の先生だとか、ラジオのスタッフ、ミュージカルのスタッフ、ミュージシャン、役者さん、ヘアメイクさん、カメラマン、同級生。あの人もこの人も、私に影響を与えてくれたかけがえのない存在。とはいえさすがに全員呼ぶのは不可能だ。大切な日にそばにいてほしいと思う人が私にはこんなにたくさんいるのかと、これまた幸せなジレンマを噛み締める。

リストの中にはとってもお世話になって、本当に観に来てほしかったけど、亡くなってもう二度と会えない人の名前もあった。20年の間に数多くの素晴らしい出会いに恵まれた一方で、思いがけない別れもいくつか経験してきたのだ。あの人と一緒に作った作品があった。あの人が好きと言ってくれた歌詞があった。あの人がいたから私は今も歌を歌っている。どれほど感謝しているか、会えるときにもっと真剣に伝えればよかった。後悔しても仕方がないけれどそう思わずにはいられない。招待状を送ることさえできないとわかっていても、彼らをリストから外すときは胸が痛んだ。

　ライブのラストで最新曲「これから」を歌うとき、デビュー当時からの懐かしい映像をスクリーンに映し出した。普通は自分の過去映像なんて恥ずかしいものだけど、今回ばかりは愛しさが勝った。私の人生に起きたどの瞬間も必要だったと確信できたから。そして何よりも嬉しかったのは、今まで生きてきた中で現在の自分が一番好きだと思えたこと。ああ、今日のライブをあの人が見ていたら、なんと声をかけてくれただろうか。「今の私を見てほしかった」なんて心から言えるのは、もしかしたら幸せな後悔といえるのかもしれない。満腹。

MANPUKURON 089

声優服

15年8月

声優という職業にも制服があればいいのにと思う。

音楽関係の仕事の場では、普通は社会人が職場に行くのに控えるような格好（金髪、モヒカン、短パン、ビーサン、タトゥー、時代錯誤、汚い、華美などとにかくすべて）を誰も咎めないし気にもしない。それどころか、ちょっとした遅刻、ラフな言葉遣い、奔放な恋愛観なども大目に見てもらえる傾向にある。「アーティストだからね」というひとことでなんとなく済む。いや、人によるけれども。

声優もアーティスティックな活動といえるし、個性を主張できる自由業。みんな思い思いのファッションを楽しんでいるように見えるが、実は暗黙の掟というものが確かに存在する。

あなたは洋服を買うとき、生地に触れてみて何を確かめるだろうか。手触り、縮まないか、色褪せないか、透けないか……。声優は「音がしないか」をまず確かめる。普段の生活の中では気にならない程度の小さな衣擦れの音も、スタジオの静寂の中ではとても目立って収録の妨げになったりするのだ。ナイロンならシャカシャカと、革ならギュッギュッと、装飾がたくさんついていれば揺れるたびカサカサと。糊のききすぎた綿のシャツも案外、少しの動作でパリパリとノイズをたてる。当然アクセサリー、靴も同様に注意する。

幅広い年齢層の方々と共同作業をする場でもあるし、自由とはいえＴＰＯをわきまえねばならない。私が小学生だったころ現場にミニスカートとピンヒールで来た若い女優さんがいて「仕事場にチャラチャラした格好で来るな！」と先輩から怒られているのを目撃したことがある。最近は怖い先輩ってどんどん少なくなっていて、面と向かって叱られる経験はなかなかない。先月急に暖かくなった日、スタジオへ向かう途中でうっかり浮かれてだいぶ短いスカートをはいてきてしまったことに気づいた。失敗した……とドキドキしたが、到着するやいなや先輩に「真綾ちゃん、いいねぇミニスカート！」と褒められた。むむ、時代は変わった。

　他にも、いい大人がラフな格好でうろうろしていると社会的信用を得にくいという問題もある。あそこんちのお父さんはちゃんと働いてるのかしら……と近所の奥様にヒソヒソされたり。

　でも今の若い声優さんは男も女も清潔感がありちゃんと気を配った服装をしていて、本当に偉いなと思う。だって使われるのは声だけで姿はどこにも映らないというのに、朝早くからの収録でも必ず髪を整え、メイクをし、いい匂いまでさせて現れる。隙がないのだ。私はスタジオについてから寝癖やしわしわの服や服と靴のバランスの悪さに気づいて、しょっちゅうげんなりしている。で、いっそ制服を作ってくれよと思うわけ。オリンピック選手の公式服みたいな感じで。絶対にノイズの出ない生地でできた、真面目そうに見えるやつを。雑誌の取材やイベント出演のときもみーんな制服にしちゃえば、何を着るか悩まずに済むからすごくいいアイデアだと思うんだけど！

どう？　満腹。

MANPUKURON 090

炊飯器物語

15年9月

ある日、ふいに思いたって口にした。

「そろそろこの炊飯器も買い替え時かなあ」

そうしたら翌日、それまで何の問題もなく真面目に仕事をしてくれていた炊飯器くんが突然ボイコットをはじめたのだ。不穏な音とともに蓋の隙間から水分が漏れ出し、炊きあがったお米は変に柔らかく、おいしいとは言えない状態に。おそらく私の「買い替え発言」でヘソを曲げてしまったのだろう。なだめてみたが機嫌は直りそうにない。毎日のように料理する私には欠かせない存在なのに困ったものだ。何気ないひとことで傷つけてしまうとは。長年お世話になったのに申し訳ない気持ちでいっぱいだ。

8年ほど前、家電量販店に行って「この中で一番おいしく炊ける炊飯器ください」と言って購入したのがこの子だった。ちょっと高かったけど奮発して。その晩、炊きたてのご飯を口に入れたときの感動といったら。それまで一人暮らし用の小さな2合炊きを使っていて普通に満足してたけど、やっぱり全然違うのだ。粒のひとつひとつがふっくらとしていて艶があり、香りも良い。昨日と同じお米を使っているのにこんなに差があるなんて！

世界がガラッと変わった。ご飯がおいしいと、がぜん料理が楽しくなってレパートリーがどんどん増える。米の味が引き立つようにと味付けも薄味になり、面倒で滅多に作らなかったお味噌汁も毎日作るようになった。玄米や雑穀米などバリエーションをつけたり、仕事場に弁当を持参するようにもなって……。こうして自然と食生活が改善されてしまった。

ミュージカルの地方公演にもわざわざこの子を持参して遠征したものだ。まさか福岡や名古屋や大阪を、炊飯器と一緒に旅することになるとは思わなかったなあ。

現在の私からは考えられないけれど、昔はジャンクフードも揚げ物も甘い物も大好きだったし、外食ばっかりだったし、本当にいい加減だった。特に一人暮らしを始めたばかりの頃は自由を謳歌しすぎて、毎日好きな物だけを食べて生きる日々。そんな私をすっかり変えてくれた救世主が、この子だったのだ。

8年もの間いっぱい支えてくれたんだから、疲れて当然なのかも。もしかしたら私の買い替え発言をきっかけに、務めを果たしたと感じてホッと気が抜けたのかもしれない。今日、家電量販店へ行き「一番おいしく炊ける炊飯器ください」と言うと、この子の後継機種を勧められた。フォルムも機能もずいぶん変わったけれど、操作感覚が似ているから安心する。新型くんで炊いたご飯は、前の子には悪いけど格段にパワーアップした素晴らしい味で、技術の進歩に感動した。ついに引退することになった先代を、感謝を込めてきれいに磨いてあげた。

疲れた夜は包み込むように、眠い朝には激励するように、いつだって力を与えてくれるもの。あったかいご飯は母のように懐が深く、父のように力強い。自分のために、家族のために、毎日おいしいご飯を炊こう。新しい相棒くん、今日から宜しくお願いします。満腹。

MANPUKURON 091

約束はいらない

15年10月

学生時代の友人と集まろうとすると「一番忙しいのは真綾だから、真綾の都合に合わせるよ」と言ってくれる。嬉しいけど申し訳なくて、約束をすることにはプレッシャーも感じる。私の仕事は曜日も時間も場所も不規則で、スケジュールもギリギリまで決定が出ないのだ。合わせてくれても、もし急遽仕事が入ってしまったらと思うと……。というか、たいていそうなる。同業の友人ならお互い様なので気にしないけれど、まったく違う感覚の人から見るとやっぱりただの〝ドタキャン〟だろう。すごくガッカリさせてしまう。そうすると二度目はもっと約束しづらくなって、結局実現できない。ライブや舞台には必ず来てくれて、そのたび楽屋で短い近況報告をして。それも嬉しいけど、昔みたいにどうでもいいような世間話をもうずっとしていないことが、ときどきとても寂しくなる。

先月、仕事が夕方には終わるとわかり、ダメもとで大学時代の友人に声をかけてみた。急な誘いで来られない子もいたけど、なんとか4人集まったので食事に行き、そのあと仲間のひとりが働いているバーが近くにあるから顔出していこうってことで、2軒目へ。何の遠慮も気負いもなく、彼らといるとすっかりあの頃の自分に戻ってしまう。こんなに素敵な時間を過ごしながらも翌日の仕事の下準備や原稿の締め切りのことが頭の隅にあって「早く帰らないとなあ」と思っている自分が、少し残念。

突然私のデビュー曲「約束はいらない」が店内に流れ、目の前にろうそくのついたケーキが運ばれて来た。えっ、誕生日でもないのに何?! よく見るとプレートに「デビュー20周年おめでとう」の文字が。びっくりしすぎて大声を出していると、今度は隣にいた友人がノートパソコンを取り出し「もうひとつプレゼント」と言いながら映像を再生した。そこにおさめられていたのは、友人ひとりひとりからお祝いのビデオメッセージ。その場にいる全員と、来られなかった仲間のぶんまで。それぞれに工夫を凝らした動画は大学生のときのノリのまんまで、ばかばかしいやら懐かしいやら、お腹がよじれるほど笑った。しかもなんと私の両親や、地方に住んでいる親戚、児童劇団時代の先生まで登場するではないか。私の急な誘いで集まったはずなのに一体いつの間に準備していたのかと、不思議すぎて頭が混乱した。実は、数ヶ月前から映像を撮り編集し、私が会えると言ったときに渡そうと計画していたとのこと。このバーに来たのも思いつきじゃなく、示し合わせていたんだって。

忙しいのは私だけじゃない。みんなそれぞれ大人になって、仕事や、家庭や、とっても忙しいのに。約束の苦手な私に、こんな心のこもった贈り物をこっそり手作りしてくれていたなんて、言葉にできないほどの感動だった。その晩家に帰ると、お礼の言葉を私も動画で撮影して、みんなに送った。

おじいちゃんおばあちゃんになってもきっと繋がってる。約束はないけど、きっとそうなると思う。満腹。

MANPUKURON 092

降り注ぐ質問の雨

15年11月

アルバムを1枚完成させる。数ヶ月間にわたり闘ってきた「怒濤の締め切り地獄」からついに解放され、ほっと一息……つけるのも束の間。そのあとにやってくるのは「降り注ぐ質問の雨」である。雑誌や新聞やラジオや、いろんなインタビューを受けまくる日々のことだ。丹精込めて作った作品だから、ひとりでも多くの方に存在を知ってほしい。だから取材していただけるのはとっても有り難いことですよ、もちろん！　でも、インタビュー1つにかかる時間は約1時間で、それを何十回と繰り返すわけで……延べ何十時間も、私はひとつのアルバムについてひたすら語らなければならない。通称「取材日」と呼ばれ、入れ代わり立ち代わり訪問してくださる各誌インタビュアーさんの質問に一日中受け答え続けることもある。普段の生活でこれほどまでに長時間質問攻めにあう機会はなかなかない。慎重に言葉を選び、真剣に取り組もうとすればするほど、途中から頭がボーッとしてきて自分が何を言ってるのかよくわからなくなっちゃったり。先方にとっては初めて聞く話でも、こちらは何度も何度も似たような質問をされ、同じような答えを繰り返しているのだ。正直、ちょっぴり大変。

20周年の今年、CDデビューした当時を思い返す機会は多々あるが、16歳の頃の自分の気持ちや行動すべてを覚えているわけではないので、漠然とした記憶しかない。ただ、ファーストアルバム「グレープフルーツ」について取材を受けたときの光景はなぜだか鮮明に思い出せる。ビクタースタジオの一室に大勢の取材陣が集まって行われた〝囲み取材〟だった。

あちこちから写真を撮られ、矢継ぎ早に質問が投げかけられる。はじめのうちは「タイトルの由来」「作詞で苦労したこと」などアルバムに関する内容だったけど、次第に「マイブーム」「カラオケでは何を歌うか」「得意な教科」「学校でのあだ名」などなど、全然関係ない話題にまで触れられた。その状況が、ものすごく非日常的で。学校では地味なタイプで、私にこんなに興味をもっていろんなことを聞いてくる人なんていない。だから少しだけ嬉しいような、気恥ずかしいような気持ちになった。それに、改めて聞かれるまで考えなかったようなことに向き合うきっかけにもなった。

「将来の夢は？」

そう聞かれたことは覚えてる。でも何て答えたかはわからない。たぶん曖昧なことを言ったんじゃないかな。すでに動き出していた歌手や役者としての人生に、本当に飛び込む覚悟はまだなかった。いや、心は決まっていても「こうなりたい」と人前で宣言する勇気がなかったのかも。帰り道、うまく答えられなかったな、とモヤモヤしながら電車に乗った。

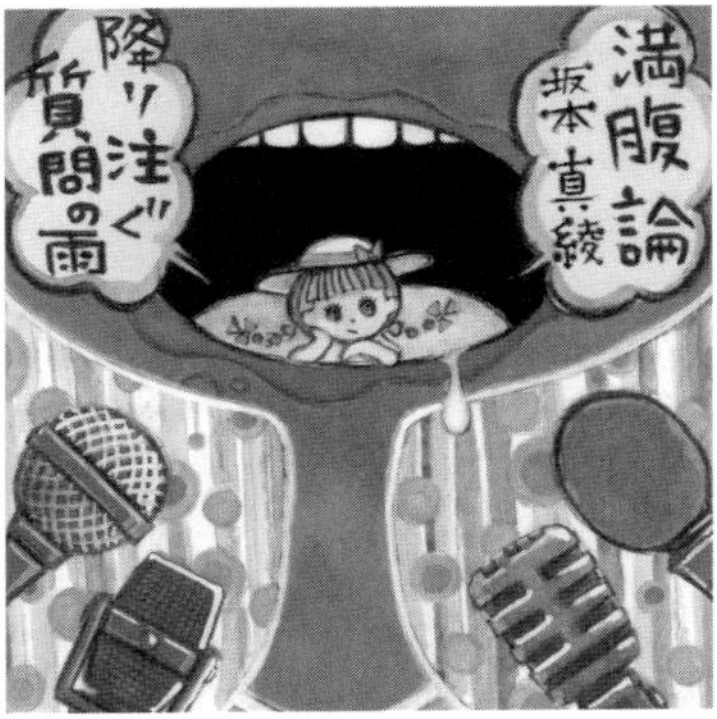

いつしか取材を受けることは私の日常の一部に。でもいまだに質問されて初めて考えることはたくさんある。回答しながら私は、私を紐解き、向き合うのだ。そこに生まれた感情や、確信や、疑問を、帰り道に反芻《はんすう》して。そして次なる作品の糧に。

満腹。

ベツバラ　インタビューに答えていると、それまで自分でも考えたことがなかった部分に思いを巡らせることがあったりして、話しながら発見したり、整理できたり、納得したりすることがある。ある種のカウンセリングみたいだな、といつも思います。

「こんにちはー」

私の声に女性は振り向き「いらっしゃいませ、どうぞこちらへ」と席に案内……しようとして、ゆっくりと表情を変えた。

「あら……？　真綾ちゃん！」

良かった。顔を見てわかってくれた。もうずいぶんお会いしてなかったのに。厨房に向かって「真綾ちゃんよ」と声をかける。奥にいた男性が湯気の向こうで顔をあげると、私を見つめ、状況をやっと理解したというふうにじんわりと笑顔になった。

懐かしい。小柄で元気なお母さん、寡黙なお父さん、確かに歳を重ねているが全然変わらない。「どうしたの、忙しいのに寄ってくれたの」と突然の訪問に驚きつつ、大歓迎してくれた。ネットでも評判の中華料理店を営むこのご夫婦は、えっちゃんのご両親である。

えっちゃんは幼稚園から中学まで、いつも近くにいた友達だった。一緒に登下校したり、習字教室に行ったり。ご両親にもたくさんお世話になった。このお店がオープンしたのはもう18年も前なのに、私は今夜初めて訪れたのだ。

MANPUKURON 093

いつか

15年12月

昨日、ラジオ番組に届いてたリスナーからのメール。私が以前出版した旅のエッセイを読んで触発されたという内容だった。いつか行こう、いつかやろう、いつか会おう。そう言っているうちに二度と会えなくなった人や、失われた場所がある。だから本当にやりたいことは、今、やらなくちゃ。そう一念発起してヨーロッパ一人旅を決行した。旅の中で日常の尊さを知った私は、帰国したら「いつか」を片っ端から実行していこうと心に決めた。はずだった。あれから6年。リスナーのお便りで私の〝いつか〟はまたすっかり溜まってしまっていることに気づかされたのだ。で、さっそく今夜リストのうちのひとつ「えっちゃんのお父さんの餃子を食べる」を、実現しに来た次第。

　子どもの頃何度も聞いた「お父さんの餃子おいしいんだ」ってセリフ。彼女とはよく喧嘩もした。長引くことはなかったけど、思春期の女の子らしく二人とも気分屋で、意地っ張りで、辛辣なことも言い合った。私に比べて何でもうまくできるし、背も高くすらっとして、ホント一緒にいるとコンプレックスが刺激される相手でもあったし。別々の高校へ進学し、私は引っ越しもして、もう会うことがなくなった。それでも5年前、彼女が結婚式に招待してくれたのだ。ものすごく嬉しかった。そこで再会したとき、言葉を多く交わすまでもなく、その後の人生が互いに充実したものになっていると瞬時に分かり合えた気がした。以来また距離が縮まったのだ。

「お待たせしましたー」

　テーブルに運ばれてきたお父さんの餃子は、皮まで手作りされた真心たっぷりの味。おいしくて100個ぐらい食べられそうだ。えっちゃんは今もこの店を手伝いに来ているという。「あと30分もすれば来る頃よ」と、おばさん。私が座っているの見たら、どんな顔するかな。私たちの母校は来春隣の中学と合併して、57年の歴史に幕を閉じる。満腹。

ベツバラ　2023年、こちらのお店は大変惜しまれつつ25年間の歴史に幕を下ろしました。えっちゃんから、常連のお客さんたちに囲まれてお父さんとお母さんが晴れやかに笑っている写真が送られてきました。美味しい記憶はたくさんの人の中で生き続けます。

私は生まれてこのかた一度も煙草を吸ったことがない。興味が無い。しかし気が進まないけど、仕事のために一度くらい吸ってみるべきだろうかと思う瞬間がある。

　洋画の吹き替えなどで、煙草を吸いながら会話するシーンにたびたび遭遇する。声優さんはマイクの前で、代わりにペンや指を使い、画面の中の俳優と同じタイミングで口にくわえたり外したりしながらセリフを言って臨場感を出すものだ。私もそのようにする。おそらく、完成した吹替版を見た人が違和感を感じないように自然にやれているはずだ。だけど不安になる。煙草未経験の私が、どのくらいの量の空気をどんな速度で吸い込み、どう肺の中にとどめ、どんな味がするのか、いくら想像力を駆使してみても正解はわからない。そういうとき、一度くらい吸ってみた方がいいかしらと頭をよぎるのだ。

　でも吸わない。だって役者の仕事ってそんなことばっかりなのだ。宇宙へ行ったこと、戦争で恋人を亡くしたこと、連続殺人犯になったこと、中世ヨーロッパの貴族や、大家族の長女だったり超能力者だったり500歳の吸血鬼だったことは一度も無いが、どれも演じたことがある設定だ。これぜんぶ経験しなきゃ仕事ができないなんて、言ってられないもの。

MANPUKURON 094

かつて空を飛んだときの記憶

16年1月

　背中に羽があって、空を飛べる妖精の役をもらったら？　実際に体験できないことは似たような記憶からヒントをもらう。ジェットコースターに乗ったときみたいに風を切っていくのかな、全速力で飛ぶと思い切り走ったときと同じように息が切れるのかな。鳥の翼、虫の羽ばたき、見たことのある羽の動きを思い浮かべる。こうしてツギハギするうち、空を飛ぶという行為がどんどん具体的に想像できるようになる。最後にはまるで「かつて空を飛んだときの記憶」が頭の中の引き出しにしまってあるような気がしてくる。そうなれば、あとは取り出して、使うだけ。

経験と想像を無限に繰り返す。それが私の仕事の中枢である。喉のケアとかセリフの練習とか身体を鍛えるなんてのは、ぜんぶ補助活動でしかない。

だから人生のすべての瞬間、ひたすら素材集めをしている。一見仕事とは無関係に思えることが、ぜんぶ必要に思えるのだ。目も耳も心も身体も常に情報収集で忙しい。疲れるといえばそうだけど、おかげで良い副産物もある。望まない出来事、たとえば失恋やいじめや病気などが自分の身に起きたときでさえ、これも全部資料になると信じて耐えられる能力。天才科学者や絶世の美女や伝説の勇者、いくつもの奇想天外な人生を縦横無尽に生きるためのヒントを、今収集しているのだと。心がどんなに傷だらけな時も頭は冴え、苦痛が通り過ぎるのを待つことができる。

演じることは、自分ではない者の人生を生きることだけど、そのためにはまず自分の人生に興味を持ち、味わわなければ。それは、実際に煙草を吸ったり空を飛ぼうと試みるよりよっぽど難しく勇気の要ることで、だからこそ挑む価値がある。満腹。

MANPUKURON 095

加速する時の中で

16年2月

私の一番古い記憶は何か。もっとも鮮明なのは幼稚園に入園する1年前、面談のことだ。

青空の下。園内の広場はたくさんの子どもとその親たちで賑わっていた。テーブルと椅子が4つほど並んで、それぞれに先生が座っている。そのうちのひとりの女性に手招きされたところから記憶は再生される。実は順番待ちしているときからずっと、その先生を見ていた。一番美人で優しそうで、あの人がいいなあと思っていたのだ。それで嬉しくなって駆け出していった。

先生はとびきりの笑顔で「こんにちは、お名前をおしえてください」と身を乗り出しながら言った。私が誇らしげに「さかもとまあやです！」と答えると次は「何才ですか?」と問われ、ピースサインを出して「2さい」と言った。それから折り紙を見せられてどの色が一番好きかなど簡単な質問がいくつかあった後、「ありがとう。じゃあ、4さいになったら、また来てね」と締めくくられた。

その瞬間の雷に打たれたようなショックといったら。よ、4さい……そんなとてつもなく遠い未来の話だったなんて！　幼稚園という世界に行く日を心から楽しみにしていた。私は明日からでも通うつもりでいたのに。

母のところへ戻り、4才になったらって言われた、と心底落胆して報告すると「すぐだから大丈夫！」と母は可笑しそうにして、気にとめなかった。早生まれの私はもう2才の終わりに近く、実際に待つのは1年ほどだった。しかし自分は2才だと思っている者にとって4才とは、その前に3

才もやらないといけないし、まるで永遠とも思えるほど長いお預けをくらった気分だったのだ。人生初の絶望感。世の中は自分を中心に回っているのではないらしいと薄々気づき始めたわけだ。

　中学のとき学校が嫌いで、3年もこんなところに縛られるなんてひどすぎると思ってた。12才にとっての3年は、それまでの人生の4分の1にも相当する時間。大げさではなく「永遠とも思える」ものだ。時は誰にでも平等に流れているはずだけど、それをどう感じながら生きるかはその人の年齢や経験値で変わってくる。あの日、生きてきた時間に30年ほど差がある母と私とでは、時間の捉え方がまったく異なり、互いにそれを想像できなかったように。

　もしも中学時代の自分に会えたら私も「すぐだから大丈夫！」と笑いとばすかも。だって35年生きてみた今となっては、何がそんなにしんどかったのかもう覚えてないし、どうでもいい。それより3年もあれば人はどれだけ変われるか、進めるか、経験から知っている。気にせず進めと、叱咤するだろう。まあ、当時の私は「わかってない」と怒るだろうけど。

　目の前にあると頑強な岩も、少し進んでから振り返ってみると石ころみたいに小さく見えるんだもの。そりゃ大人になったって、イヤなことや落ち込むこともあるけれど。今の私には大きな岩も、50才、60才になったときそれをアクセサリーにして微笑んでやろうと思う。満腹。

MANPUKURON 096

サメガール

16年3月

全国ツアー「FOLLOW ME UP」静岡公演の終演後、楽屋に思いがけない訪問者が現れた。シャークジャーナリスト・沼口《ぬまぐち》麻子《あさこ》である。その名の通り、サメの専門家。彼女が大学時代暮らした第二の地元静岡まで、自分でチケットを買って観に来てくれた。

出会いは学習塾。中学1年の春、新しく入ってきた眼鏡に三つ編みの女の子は、おとなしそうな外見に反して物怖じせず誰にでも話しかけ、授業中も積極的に質問した。とにかくちょっと変わった子で。先生の寒すぎるダジャレにもクラスでひとりだけコロコロと笑っていたり。最も謎だったのは、授業中ときどき彼女の机の横のフックに、金魚のいっぱい入ったビニール袋が吊るされていたこと。しかも一度や二度じゃなく、定期的にそんな光景を目にしたものだから、さすがに不可解で本人に尋ねてみた。

「ああ、これ餌だよ、ピラニアの」

予想外、且《か》つなかなかにショッキングな回答。え、この金魚、食べられちゃうの？　ピラニアって飼えるの？　なんで飼おうと思ったの？　次々と浮かんでくるハテナ。思えばこのとき、私は沼口ワールドに引き込まれたんだと思う。気づいたときには彼女の家でピラニアを見せてもらっていた。将来は獣医になりたいと語りながら、他にもいろんな動物の話をしてくれた。

思春期って、人と違うということをものすごく怖れるもの。私は当時すでに子役として活動していたし、自分の個性を自覚し始めていた。一方で、学校では浮かないようにと周囲に合わせてばかりの自分にイラついてもいたのだ。沼ちゃんの振る舞いは他人に惑わされることなく堂々として見えて、うらやましかった。

4年前、久々に再会した彼女から「OLを辞めてシャークジャーナリストになる」と聞いたときには、なんじゃそりゃと思わず笑ってしまった。何それ？　どうして？　どうやって？　そして、懐かしいなと思った。「ピラニア見に来る？」と誘われたときの気持ちに似ていたから。

海の生物への愛を貫いて海洋学部の大学院まで卒業したにも関わらず、結局IT企業に就職した。8年も勤めていたけれど、突然原因不明の体調不良に襲われて人生を見つめ直したという。本当に好きなことのために、生きている時間を費やしたいと。未知なる大海原へひとり漕ぎ出すことを決めた沼ちゃん

を、私は再び眩しく見つめた。

私も一番好きなことを仕事にした。幸運で、幸福だ。でも一番好きなことを仕事にした人にしかわからない、永遠の孤独もあるということを、沼ちゃんも実感する日が来るだろう。個性を帆に小さな船で航海を続ける。何が起きても誰のせいにもできないし、言い訳もできない。でもその生き方を選んだのなら、どんな荒波も楽しむだけだ。

最近はテレビや新聞に次々と取り上げられ、セミナーの開催など忙しく、順調そうで我がことのように嬉しい。君のこと満腹論のネタにしてもいいかとメールしてみたら「よろシャークお願いします」と返事が来た。うん、それはどうだろうね、沼ちゃん。満腹。

MANPUKURON 097

夫婦で親で ちょっぴり他人

16年4月

鏡で見るより、写真に写った自分を見たときのほうがよくわかる。私は、両親のどちらにも似ている。一目瞭然、あの二人の娘である。

幼い頃は「お父さんと同じ顔だね」なんて言われたものだけど、最近じゃめっきり「お母さんにそっくり」と言われることが多くなった。それって私の顔が変化してきたんじゃなく、ひょっとして父と母の顔がだんだん似てきたせいなんじゃないだろうか。48年目の結婚記念日に贈る品をネットで検索しながら、そんなことを考えていた。

父は北海道出身、眉が太く彫りの深い縄文系の顔。母は九州、佐賀県の出身で、肌の色が白くいかにも弥生系といった感じの目鼻立ち。まるで逆。似るはずがないと思うんだけど。

私の両親だけではない。まわりを見渡せば、仲が良い夫婦ほど年月とともに顔やムードがよく似てくるように見える。同じ家に寝起きして同じものを食べ、同じような生活をしているのだから、そうなるのも当然だろうか。

夫婦って、元は赤の他人なんだよなあ。当たり前のことだけど、自分が結婚してからリアルに実感した。私にとっては両親というひとつの大きな存在だが、二人は土地も習慣も全く異なる環境で育った、個別の人間。ある日を境に書類上は家族となったわけだけど、実際本当に家族といえる目に見えない絆ができるまでに一体どのくらいの年月がかかったんだろう。

実家に住んでいた頃、私が自室で寝ようとベッドに入ってからも、深夜までリビングでお喋りに花を咲かせている両親の声がよく聞こえていた。何やら大笑いしていたり、熱く議論がヒートアップしていたり。毎日顔を合わせているというのに二人には話題が尽きないらしい。仲の良さに安心するが、飽きることはないんだろうかと、素朴な疑問も湧いてくる。

　私の結婚式で両親が着る衣装の試着をしてきた日、母が「パパ、モーニングスーツがすごく似合ってて、もしかしたら新郎より目立ってしまうかも……大丈夫かしら」とあながち冗談でもなさそうなトーンで相談してきた。確かに若々しくて男前な父だとは思うが、そんなことが何の遠慮もなく真っ直ぐに言える母の乙女っぷりを目の当たりにして、この二人はある意味今でもどこか他人のままなのかもしれないとちょっと思った。

　今年の私の全国ツアー、香川公演を見に来たついでに二人で温泉旅行も満喫していた。大学のサークルの先輩後輩という間柄だった頃の二人を、私が知っているわけはないんだけれど、現在の両親を見ていると当時の姿もなんとなく透けて見える気がする。あくまで別々の人間で、夫婦になっても親になっても相手の生き方を尊重し合ってる。それが円満の秘訣なのかも。48年間、自分の顔より相手の顔を見てきた時間が長いんだろう。だから顔が似てくるんじゃないのかな。結婚記念日おめでとうございます。満腹。

今日のお昼ご飯。冷蔵庫に昨晩使い切れず残った豚肉があったな。私ひとりぶんにはちょうどいい。生姜を入れて、酢メシにして、サッパリ豚丼を作ろう。余りもので美味しいものを作れるなんて、俺かっこいい！　しかしいざ食べてみたら、すごく味気ない。私の料理の腕ってこんなものだったのか。そのまま完食して後片付けをしていると き、急に気がついた。さっき酢だと思って白飯にかけたのは、ごま油だった。どうりで！サッパリさせるつもりがギットリしちゃったよ！　瓶のかたちがそっくりだったから間違えた。

先月、海外ドラマの吹き替え収録を終え帰路についていると電話が鳴った。共演の役者さんからだった。「コート、間違えてないですか？」そう言われてみると、見たことない服を着ている。確かに私のと同じ黒色だが、丈も素材も違うばかりか、まず男性用。ブカブカである。さっきから袖が長いなーと感じてはいたのだけれど。もちろん慌てて戻って全力で謝った。

MANPUKURON 098

うっかりした。

16年5月

ある夜、自宅に入ろうとすると鞄の中に鍵が見当たらない。どうやら落としたらしい。スタジオや立ち寄った場所に電話したがどこにもない。よりにもよって夫が仕事で地方にいる日で、このままでは絶望的に家に入れない。困った！　仕方なく鍵屋さんを呼ぶ。到着まで1時間半も待たされたものの、さすがプロ、作業に取りかかるやいなや即座に扉を開けてくれた。助かりましたと泣きそうになっている私に、その人はかなり言いにくそうに告げた。「鍵、開いてましたよ……」探していた鍵は家の中のいつもの場所に置いてあった。失くしたのではなく、かけ忘れていたのだ。それでも鍵屋さんはきっちり満額請求してきた。当たり前か。

昨年夏、10人ほどのグループで沖縄を旅行した。2泊で行く人が多い中、私は1日遅れての合流。たった1泊とはいえ10年ぶりの沖縄を満喫した。ギリギリまで遊べるように最終便の飛行機を選んだ……はずだったんだけどなー。何故かわからないが、私は帰りの飛行機を予約し忘れていた。そのことに気づいたのは最終便が発つわずか45分前で、慌てて調べたが前後の便も含めすべて満席。まずい。明日始発に乗れたとしても朝の現場には遅刻確定な上、短パンにビーサンという浮かれた格好で参上しなくてはならない。隣のカウンターで別の航空会社も当たったが全敗。一番離れた所に

あるもう1社のカウンターへと走って向かうと、そこも最終便出発のすでに5分前だった。顔面蒼白で立ち尽くす私を見て、カウンターの女性がすべてを察したのか「どうぞ!」と声をかけてきた。と同時に素早く受話器を取り、誰かと短い会話を交わした後「乗れます!　が、走ってください!」。35歳、女性、歌手そして女優、全力疾走。空港ロビーをビーサンでペタペタと駆け抜け、スピードを落とすことなく機内に飛び乗りそのままの勢いで座席に座ってシートベルトを締めた。飛んだ。うっかりした。満腹。

MANPUKURON 099

卒業写真

16年6月

3月の午後、ラジオから流れてきた、ユーミンの「卒業写真」。毎年春にはどこからかこの曲が聴こえてきて、卒業シーズンの到来を告げる。誰もが知るこの名曲を今年、縁あってカヴァーさせていただいた。シリーズを通してずっと主題歌を担当してきた「たまゆら」の最終章、主人公たちが卒業式を迎える場面で使われることになったのだ。あまりにも有名で、きっと多くの人が個人的な記憶と結びつけて愛している歌を、カヴァーするのは易しいことではないんだけれど。でも良い仕上がりになったんじゃないかなと我ながら思っている。

実は作品の公開やＣＤの発売に先駆けて2月には、私の全国ツアー追加公演のステージですでにこの曲を披露していた。ファイナルならではの特別メニューとして。ただ、偶然にもそこが中野サンプラザで、偶然にもその日彼女が観に来ていたから、あの時の歌は特別な響きになっていたかもしれない。たくさんのお客様が見つめてくれている中で申し訳ないんだけれど、あの数分間だけは、私はただひとりの人物と歌を通して会話していたような気がする。

高校3年生の冬、とっても仲が良かった子と些細な行き違いから疎遠になって、ちゃんと向き合う機会を逃したまま卒業。以来、連絡先さえ知らずにもう18年。あんなに楽しいことをいっぱい共有したはずなのに、彼女のことを思い出すとき私の心は曇った。今どこで何してるんだろう、私をどう思っているだろう、どうしてこうなっちゃったんだろう……。唐突に、別の友人を介して「真綾のライブが見たい」と彼女からコンタクトがあったのは今年に入ってから。すごく嬉しくて、喜んで席をひとつ確保するとともに、少しだけ緊張した。
　会ったら何を言おう、何を言われるだろう、私は謝りたいんだっけ？　それとも怒ってたんだっけ？　ぐるぐる考えてたことは、結局ぜんぶ無駄だった。終演後楽屋を訪ねてくれたとき、顔を見て、ひと間あって、どちらからともなく気づいたら抱き合っていた。大事なとき言葉って出ないものだなあ。人目もはばからずいい大人が声をあげてワアワア泣いた。いつも忘れずにいたことや、感謝があること、後悔もあること、あの頃の自分たちを許したい気持ちも、ぜんぶさっきステージの上で「卒業写真」を歌いながら、伝えきっていたのかもしれない。とにかく私の中に長く居座っていた小さなトゲはすでにどこかへ消え去って、とことん素直な感情だけがあった。

　私たちが通った高校は中野区にある。このあたりも自転車でよくウロウロしていた。すっかり美しくなった彼女が「物販でCD買ったら、ポスターもらっちゃったよ」と迷惑そうに笑った。「貼れば？　部屋に貼んなよ」と、私。18年のブランクなどなかったような、いつもの会話だった。
　中野サンプラザが数年後、1万人収容できるアリーナになるってニュースを見てちょっとだけ寂しいような。でも時の流れの中、変わっていくもの、変わらないもの、どっちもあるのが素敵な「今」なんだよね。満腹。

ベツバラ　2023年、中野サンプラザは閉館となりました。いろいろな思い出がある場所です。

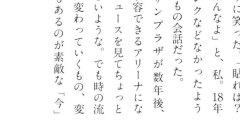

電車に乗っていた。

ある駅で、もうほとんど閉まりかけていたドアをすり抜けるようにひとりの女性が駆け込んで来た。勢いそのままに私の隣の席にドンと座り、まだ息も整っていないうちから手荷物の中をガサゴソと探ると、おもむろに桜餅を取り出してモフモフと食べ始めた。

しかし桜餅ってのは案外しっかりと桜の匂いがするもんだね。すぐ隣にいる私だけでなく、車内に居合わせていた人々はこの匂いに誘われて、スマートフォンや新聞から反射的に顔を上げたのだから。春を感じさせてくれる素敵な香りだけれども、電車の中で嗅ぐことはあまりないのでなんとなく驚く。そして七人がけの長椅子の中央で女性が黙々と食べている姿を見つけて2度驚く。

MANPUKURON 100

失恋桜餅

16年7月

夕方のラッシュアワーにさしかかる少し手前、それほど混雑していない時間帯とはいえ、座席がすべて埋まる程度には乗客がいる。向かいに座るご婦人は眉をひそめ、遠慮なく批判的な視線を浴びせていた。実は私も同感である。もう少し待てないのかな、と。でも最近読んだ本に、ちょっと嫌な気持ちになったときにポジティブに捉えて相手を否定しないこと、と書いてあったのを思い出した。些細なことにイライラしても自分が損するだけだと。もしかしたら彼女も何かのっぴきならない事情があって今この場で桜餅を貪り食っているのかもしれないし、ポジティブに考えてみようと思う。

満開の桜に浮かれすぎてしまったとか。いや、時は4月下旬。もう東京の桜は散り尽くしている。行列のできる老舗和菓子店の銘菓をできたてホヤホヤで食べたいというこだわりか。拝察するに明らかに大量生産型、1パック3個入りのスーパー等でよく見かけるやつである。ならば一刻を争うほどの空腹か。とりあえずすぐに血糖値をあげたい的な。だったらもっと手軽なチョコレートとかでいいはず。グレーのパンツスーツに黒い鞄、きちっとした服装にワンレングスのロングヘアー、歳は30代前半といったところ。特技はそろばん、好きな歌手コブクロ、普段は真面目でルールを破ったことなどない優等生タイプだが、ほんの15分前に大失恋したばかりで非常にむしゃくしゃしているのだとしたら。しかもボーイフレンドが浮気していた相手は彼女の親友で、その名も桜井さん。怒り心頭に発した彼女はゲスな彼氏に暴言を浴びせきっぱり別れてきたものの、駅へ

向かう途中ふと商店街の店先で目についた桜餅が憎き恋敵と重なって思わず購入。信じていた桜井に裏切られた悲しみは大きいがまだ友情も消えてはいない。親友に暴言を浴びせるのは辛いので代わりに桜餅を貪り食うことで心の整理をしようとしているのだ。じゃあ仕方ない。公衆の面前で無心に桜餅を食べても、今回ばかりは見て見ぬ振りをしようじゃないか。

　彼女は2つを食べ終わったところでパックの蓋を閉めた。次に春が訪れるころ、彼女が新しい恋人と喜びの表情で花を見上げているように願う。満腹。

MANPUKURON 101

横暴な食卓

16年8月

今晩夕食を作っている最中、グリンピースを絶妙な固さで湯から引き上げようと鍋を睨んでいる時に、ものすごい事実に気づいてしまった。私が我が家の料理担当であり続ける限り、私の人生には、絶対に大好物しか並ばない夢の食卓が保証されているということだ！　苦手な食材は買わないし、好きな味付けしかしないんだもの。もしかしてこれすごい権力を手にしてるんじゃないですか！

毎日好きなものだけ。っていってもステーキとかお寿司とか、豪勢なものばかり食べ続けたいってことにはならない。むしろ疲れている時こそ案外素朴なものが無性に食べたくなったりするものだ。お麩入りのお味噌汁とか、蒸した白身魚とか、ショウガたっぷりの肉豆腐とか。たとえば本日は、ひじきの煮物、舞茸の豚肉巻き、里芋の胡麻味噌和え、グリンピースご飯、キャベツと油揚げのお味噌汁。凝ったものでもないが、私から見れば大好物のオンパレード、一日の疲れを吹き飛ばす超ご馳走である。仕事の合間に前触れもなく降って湧いた欲求「今日はグリンピースご飯が食べたい」を満たした上、はと麦入り、豆は固ゆで、といった自分にしかわからないツボをおさえている。他のおかずも、家にある食材を無駄なく使いたいという欲求を満たした理想的な献立となっているのだ。

忙しいのによくやるね、なんて言われる。大変ですよ、もちろん。でも「どうしてもアレが食べたい」がもうすぐ叶うんだという期待感だけで猛然と突き進むことができる。

実家にいたころ妙に高い頻度で登場した焼き

ビーフン、カレイの煮付け。あれって母の好物だったのでは。そうに違いない。逆に、子どもたちが喜ぶからと作ってくれたカレーライスは正直絶品とは言い難かった。腹ぺこで帰って「今夜はカレーよ」と言われた時のがっかり感……しかし後に母はカレーがあまり好きじゃなかったことがわかって納得した。料理って先にイメージがあって「食べたいな」と思いながら作るから美味しいものに仕上がるんだもの。

なるほど、だから私は日々の自炊をちっとも苦に感じていなかったのだな。苦どころか、楽しくて仕方ないとまで思っていた理由が今更ながらわかった。良い奥さんじゃなくて、実は超独善的な妻なのか。でも夫も喜んでいるのだから一挙両得だ。自分勝手は悪とされる世の中で、私が横暴なまでに料理担当権限を振りかざした結果メシがうまい、ゆえに我が家は平和。不思議である。だけどこれがもし家族のために〝やってあげて〟いるという考えだったら、感謝されたい、褒められたいと欲が出てしまうのかも。誰かのためにという精神は素敵だけど、ときに押し付けになって見返りを求めてしまうから。考えてみれば歌もお芝居も、結局誰かのためにやってきたわけじゃない。もし人のためだと思っていたら、色々、しんどかっただろうな。

毎日料理を頑張っている割に感謝されないとボヤいている新妻の友人に、自分の好物ばっかり作ると良いよと教えてあげたい。満腹。

MANPUKURON 102

クラウディ・ソウル

16年9月

サニー・ソウルという言葉を初めて聞いたとき、キャッチーでいい響きだなと思うと同時に、私には縁遠い言葉だとも思った。お日様のようなとか、天真爛漫、ポジティブ。そんなふうに表現される、生まれ持った気質のこと。その人がいるだけで場がパッと明るくなるような。誰もが好感を持たずにはいられないような。眩しい光と、強い引力を持った人。

私はサニー・ソウルを持って生まれなかった。それどころか実はサニーな人って、ちょっと苦手。もし漫画「キャンディ・キャンディ」のキャンディちゃんが目の前にいたら、無意識のうちに透明なバリアを張って自分を保護してしまうかも。無防備に近づけばエネルギーを吸い取られてしまいそうで。自分にはないものばかり見せつけられるようで。つまり、羨ましいのだ。

でもほとんどの人が私のようなタイプなんじゃないかしら、たとえばこれを読んでいるあなたとか。機嫌が良い日と悪い日があり、好きな人間もいるが嫌いな人間もいて、心と行動が一致しないときもある。いつも元気でいたいのは山々だけど、まっすぐでいたいけど、どうしてもうまくできないことがある。レイニー（雨降り）というほどずっと卑屈なわけじゃない。ただ、光が隠れたり、射し込んだり、コントロールできないだけなんだ。だからクラウディ（曇り空）、なのかな？

新曲のタイトル「Million Clouds」は、もともと、この曲を作曲してくれたフリーダが仮タイトルとして記号的につけていたもの。楽曲自体から伝わって来る高揚感や壮大さに似合わず、タイトルだけネガティブな印象で不思議だった。たくさんの雲というと、たちこめるとか、覆われるとか、光を遮るイメージだから。

なかなか筆が進まず、メロディを何百回も繰り返し聴きながら作詞に取り組むうち、ある瞬間突然まぶたの裏に映った景色。朝陽か夕陽かわからないが、水平線のすぐ上に浮かぶ太陽と、それに照らされてピンク色に染まった無数のひつじ雲。この雲にネガティブな印象は全くない。希望の兆しと受け止めた。大河のように帯状になったひつじ雲を引き連れて、前を見据えている少女。彼女の横顔にも同じピンク色の光が射しているのを眺めながら、タイトルはこのままにしておこうと決めた。

雲は、いろんな形で毎日違う。分厚くネズミ色になってびっしりと空を埋め尽くす日もあれば、わくわくが膨らんで入道雲の日も。毎日快晴ばかりだったら目を凝らすこともなかったかもしれない僅かな機微に、一喜一憂して暮らす。この曲の主人公は、今日はピンク色のひつじの群れを連れてまさに空を渡ろうとしているところ。その姿は眩しくて、知らない人が見たら、彼女こそサニー・ソウルの持ち主と思うかも。でも違う。彼女は持って生まれたんじゃない。生まれてから、持とうとしてるんだ。
幾千の雲をかきわけて、本当に手にしたい自分だけの宝物を見つけに行く。「Million Clouds」はそういう歌。満腹。

MANPUKURON 103

15歳の夏、私に起きたこと。

16年10月

6時間目の授業を終えてすぐに学校を出れば間に合うはずだった。ところが、間近に迫った体育祭の準備でホームルームが長引いたのだ。

劇団の先輩たちと待ち合わせていた四谷三丁目駅に着いたのは、約束の30分も後。誰もいない。先に行ったようだ。当時は携帯電話を持っている人もいなかったし、私はオーディション会場となるスタジオの名前も場所も知らない。もう、家に帰ろうと思った。

20年前はどの駅にも改札の横に〝伝言板〟があった。一応ひとこと書き残しておこうと、白いチョークで「遅れてすみません、帰ります、真」とここまで書いて考えた。自分の名前をこんなところにハッキリ書くのはなんとなく恥ずかしい。でも「真」だけで先輩たち気づいてくれるだろうか。それとも「M」がいいか「まー」がいいか「坂本」か……などと無駄に時間をかけて何度も書いたり消したりしていると背後から「真綾ちゃん！」と声がした。振り返ると、オーディションを終えて戻ってきた先輩のG君だった。

G君に連れられてスタジオへ。関係者らしきヒゲのおじさんに、遅れました、と頭を下げると「最後の人が終わったら、そのあとやってあげるから」そして「ダメだよ遅刻は」と、優しい声だが咎められた。ヒゲのおじさんは音響監督の若林和弘氏なのだが、実は遅刻には大変厳しい人で。そんなことはまだ知らない15歳の私は「ホームルームが長引いたのは私のせいじゃない」と、言わないけれど顔には書いて、憮然としていた。子役から仕事をしていたとはいえ、生活の最優先事項は学校であり、まだプロとはいえなかった。

しかし数週間後、そのオーディションに合格したことを劇団の先生から電話で告げられる。

「あなた遅刻したのにねえ！」と笑われながら。

のちに聞いた話では「最後に来た子が女子高生で、制服姿だった！」というのは審査員に相当インパクトを残したらしい。近頃は珍しくもないが、当時は〝現役高校生の声優〟は珍しかった。そんな合格の後押しをしてくれた紺色ブレザーの制服だけれど、実は普段は毎日私服で登校していて、その日だけたまたま学校の用事のために着ていたものだった。

こんなふうに私は棚から落ちてきたぼた餅を見事にキャッチしてテレビアニメ「天空のエスカフローネ」のヒロイン・神崎ひとみ役に抜擢された。ホームルームが長引かなければ、制服を着ていなければ、伝言板の前で手間取っていなければ、すべてが少しずつズレて、運命の歯車は回らなかったかも。

「天空のエスカフローネ」放映から20年を迎えた今年、映画館でオールナイト上映イベントが行われる。普通の高校生であること以外何の取り柄もなかった私が、ぼた餅を落とさないように必死でヨチヨチと歩いている様子を、今見るのはかなり勇気がいる。だけどあのラストシーン、ひとみの最後のセリフ「私、元気だよ」を聞いたら、なんとなく泣けそうな気もする。
ひとみ、私も元気だよ。満腹。

ベツバラ　受かるはずないや、とまったく手応えのなかったオーディションに限って受かるというのは、あるあるなのかもしれません。逆に絶対勝ち取りたいと意気込んだものほど受からない。なんでだろう。

MANPUKURON 104

霧が晴れたら

16年11月

肺に影があります、と先生が言う。

「ほらここ、白くもやーっとしているでしょう、これが炎症です」

そう言われてよく見ると、私の右の肺は左側に比べてアウトラインがぼやけ、白い霧の中にあるようだ。影、っていうから黒いのかと思ったら、レントゲンでは白い部分のことをいうらしい。連日の高熱で全身が痛く、耳が籠もり、すべてが遠くに感じる。おそらく肺炎です、すぐに検査と点滴を……と続ける先生の声も、聞こえてはいるのだが。

しばらく仕事を休んだ。スケジュールを延期したり、キャンセルしたり。ショック。過去、ここまで仕事に影響を及ぼすほど体調を崩したことはない。長期舞台公演にも全国ツアーにも穴をあけたことはないし、声を嗄らすことさえ珍しい。そんな頑丈な私が肺炎とは。

体温が40度を超えるともう寝る以外に何もできず、ただ同じ夢ばかり見た。薄暗い道をひたすら歩く夢。石畳にはあちこち穴があいていて、もし踏み外せば奈落の底という恐怖の中、飛び石のようにして進んで行く。転びそうになって、危ない！と思うといつの間にかまたスタートラインに戻っているのだ。

ループする夢の中、何十回目かのスタートラインにリセットされたとき「落ちてしまったほうが楽だ」と諦めた。びくびくしながらゴールの見えない道を行くのはもう疲れた。そう思った途端足もとが揺らぎ、ついに闇に吸い込まれるのを覚悟した。瞬間、顔の見えない誰かの手がバッと私の両腕を掴んで穴から引き上げ、そこで目が覚めた。

驚くほど汗をかいて体は熱いが、どうやら熱のピークは過ぎたようだとわかる。久しぶりに冷蔵庫を開けて、リンゴジュースを1杯口にした。甘くて酸っぱくて冷たいものが空っぽの体を駆け抜けて、痛いくらいに美味しかった。さっき私を悪夢から引きずり出してくれた、あの手。男だったような、女だったような、もっと大勢のものだったような。

　この春20周年の節目を越えたので、夏以降は仕事を抑えてゆっくり過ごそうと思っていた矢先だった。長く張りつめっぱなしだった気迫の糸が急に緩んだためだろうか。それとも厄年のせいか。何にせよこの一件で、久しぶりに本当の意味で私は休んだ。

　1週間後、ようやく咳が落ち着いて仕事に戻ることができた。とはいえまだ本調子とはいえず、声がかすれては録り直しての繰り返し。収録後スタッフさんから「次週の収録までにはもう少し……ね？」と心配そうに念を押された。私としては毎日点滴して、あの地獄のような状況からよく猛スピードでここまで這い上がったぞと思ったけれど。もちろん誰も褒めちゃくれない。迷惑かけました。でも、こんな私を必要としてくれる現場があること、ただただ有り難い。

　節目の後で、もしかして燃え尽きそうになっていた。頑張ってきたなあ、でもこの先もずっと頑張り続けるのしんどいなあ、って。そんな私の腕を掴んで行くべき道に戻してくれるのは、この声を必要だと言ってくれる、誰か。満腹。

MANPUKURON 105

ガヤお願いします

16年12月

アフレコには〃ガヤ〃が不可欠。ガヤとは、遊園地の雑踏だったり、事件現場に集まった野次馬だったり、メインのセリフのバックに薄く聞こえる人々の声のこと。音響監督が「ガヤお願いしまーす」と言ったら、その日の出演者全員でマイク前に立つ。セリフは各自が状況に合わせて即興で考え、口々に発する。遠慮せず積極的に声を出さなければならないが、変に目立ってもいけない。あくまでその他大勢に徹するのだ。

ここからは、あなたもガヤに参加してみる気持ちでどうぞ。

ある高校の朝の風景。「おはよー」は自然だけど、全員それだとおかしいので何か他のパターンも。宿題の話でも、部活のことでも。キャストの中でひとりくらいは先生として芝居をしてもいいかも。事前の相談はなく、互いの呼吸を読み合って瞬時に場を作り上げる。でもこれは難易度低めのシチュエーション。だって平凡な学校生活の一場面なら、ほとんどの人が実体験に基づいてウソっぽくないセリフを思いつくだろうから。

私が吹き替えで出演しているアメリカのドラマ「シェイムレス」では、同じ登校風景でも要求されるものがまるで異なる。舞台はシカゴ、中でも特に治安が悪いエリアで、麻薬、暴力はあたりまえ、校内でもありとあらゆる悪事が横行している。貧困にあえぎ、不衛生に慣れ、いつもけだるい若者たち。そんな設定だと「おはよー」なんて爽やかな挨拶は浮いちゃう。さあ、あなたならどんな言葉をどんな喋り方で言うかな？

たくさんの兵士が闘う戦場では。攻撃する

声、負傷する声を両方バランス良く。武器は銃？　それとも剣？　それによって声の発し方は確実に違う。時代は？　国は？　戦況は優勢か劣勢か？　いろんなことを加味して。アフレコは20人ほどで行うのに対し、画面の中には20万人の大軍が映っていることも。そんなときは20人で2〜3回同じシーンを録音し、編集で重ねる。同じような声ばかり聞こえてこないように、ひとりひとりがいろんな声色を使い分けながら臨む。

　中世のフランス貴族の社交界、NASAの管制室、江戸時代の遊郭などなど、ある程度知識がないとボキャブラリーに困ることも。たくさんの本や映画に触れて、いろんな時代のいろんな事情をなんとなく知っておくと役に立つ。といっても限界もあって、この前、アメリカに密入国したロシア人の集団が警察に捕らえられるシーンで「ロシア語ガヤお願いします」なんて無茶ぶりをされたときは、みんなせいぜい「スパシーバ」「ハラショー」ぐらいしか知らないので、さすがに頭を抱えたけれど。

　完成した作品を見ると、ガヤはほとんど聞き取れないくらいさりげない音量で使われている。でもこれがあるから映像に聴覚的な奥行きが生まれ、場の空気が出来上がり、メインのセリフが際立つのだ。ガヤのとき、どうせ聞こえないからと適当にしないで繊細に取り組んでいる俳優さんを見ると、素敵だなと思う。満腹。

MANPUKURON 106

あたたかいコーヒーをください

17年1月

ホットコーヒーをオーダーしたはずが、アイスコーヒーが来た。

「あれ？　ホットをお願いしたつもりだったんですけど」

　私の言い方に迷いはない。だって毎日、夏でも冬でもホットばかり買って飲む私が無意識のうちにアイスと言っちゃう可能性はないに等しい。だから笑顔で、別にあなたのミスを責めませんよ的な雰囲気を漂わせながら言った。すると若い女性店員さんは私に輪をかけて迷いのない口調で、

「いえアイスとおっしゃったので」

と即答。むむ、予想外。思わずしどろもどろになって「私、が、です、か？」と言いよどむ。

「はい、お客様が、アイス、とおっしゃったので」

2回目。ダメ押しされた。しかもきっぱり、ゆっくりと。「ので」という語尾は灰色で、殺風景な響きだった。そこまで断言されると自信が揺らぐ。もしかして本当に私が言い間違えた？　にしたって、この高圧的な言い方は。

　「私がそう言った記憶はありませんが、もし本当にそうなら申し訳ないですけど、もう1杯新たに買うんでやっぱりホットコーヒーをいただけますか」

　やだ私感じ悪い？　つい慇懃《いんぎん》無礼《ぶれい》になる。彼女は無言で背を向け、ホット用のカップをマシーンにセットした。この人は通常こうなのか。それともたまたま機嫌が悪いのか。待ちながら、冷静にさっきオーダーしたときの自分の言葉を振り返ってみる。そして謎はすべて解けた！

「あ！　私『ホットコーヒー、サイズは……（Mと言いかけて）あ、Sで』って言ったんですよ。

だから『あSで』『あえすで』『アイスで』と、こうなっちゃったんですねきっと！」
和解の握手でも求めそうな勢いで悪びれない私に、彼女はちょっと振り向き、肩越しに「はあ」とだけ感想を述べた。そして出来上がったホットコーヒーを差し出すと「お次の方どうぞ」と言ってもう目も見なかった。追加した1杯分のお金は、受け取られずカウンターに残った。

私が悪いんですよねえ、ああそうですか！というクサクサした気持ちは一瞬だけ。拒絶された小銭を財布に戻すとき、とてつもない寂しさに襲われ逃げるように店を出た。うっかり泣きそうなのは彼女のせいじゃなくて。

人と言葉を交わす。言葉を覚えてから毎日それを続けてきた。近しい人と。知らない人とも。

でもいっこうに上達の手応えがないのは何故だろう。真っすぐ投げたつもりが思わぬ方向に曲がったり、強すぎたり弱すぎたりして取りこぼす。みんなもそうだろうか。私だけが下手なんだろうか。日々うんざりしていた気持ちが、今のをきっかけに溢れ出したようだった。

彼女の物語の中で私は、感じの悪い客として登場したんだろう。間違ってもないが正解でもない。うまくいかなかったキャッチボールのために、誤解したまま、あるいはされたまま通り過ぎた過去のいくつかの場面を回想し、ただ寂しい。コーヒーを片手に目の前のスタジオのドアを開ければ、今うんざりしたばかりの言葉というやつを道具に仕事をするのだ。皮肉。いや、救いか。救いなんだ。満腹。

MANPUKURON 107

優しくなりたい

17年2月

目の前に素敵な老紳士がいる。シックなブラウンのツイードジャケットに、深いグリーンの中折れ帽を粋に被ったロマンスグレー。だが惜しい、ズボンのチャックが全開だ。

教えてあげたい。地下鉄の車内、私の向かいに座る男性、70代半ばといったところだろうか。表情は穏やかでいかにも博識そう、お年の割に肌艶が良くほっぺがぴかぴか。そんなせっかくの男前が、些細なハプニングによって形無しになってしまっている。だからって見ず知らずの人に「おじいさん開いてますよ」とはなかなか言えるものじゃない。公衆の面前で他人からいきなり指摘されたら、プライドが傷つくかも。

でも。最近シニアのお見合いパーティーが盛んだってテレビで言ってた。この人はどう見てもおしゃれをしているし、もしやこれから婚活パーティーに行くのでは。チャック全開が原因でカップル成立しなかったらかわいそう。いや、こんなにおしゃれなのにチャック全開というギャップが逆に母性本能をくすぐる可能性も。ならばこのままの状態で放っておくべきか……。

などと余計な妄想をしているうちに紳士は麻布十番駅で降りていった。ああ、賑わう年末の麻布十番商店街をチャック全開で歩いてしまうのか。やっぱり教えてあげればよかった。いや、知らぬが仏か? 正しい優しさって、どっちなんだろう?

これは似ている。誕生日のケーキに。毎年誕生日が近づくたびに真剣に思い悩んでしまう。正直に言うのが優しさか、それとも言わないのが優しさか。

「私、ケーキが苦手なのです」

言えないよねー。どこからともなくサプライズ的に運ばれてきた、ネームプレート付きケーキを前に「苦手」だなんて。年に1回のことなんだから、黙って食べるべきだよね。だけど私の仕事は、毎日違う人と違うスタジオで違う作品に取り組むわけで。誕生日の前後1週間ほどは連日、いろんな現場でケーキが登場。朝の現場と夜の現場、1日2回の場合も。正直キツい。辛いものが苦手な人が、毎日みんなからちょっとずつトウガラシを手渡され、今ここで食べなよと勧められているのと同じような感覚。もちろんお気持ちは大変嬉しく、本当に幸せだけど、見るだけでお腹いっぱいなのだ。

とはいえ切り分けられたらとりあえず口に入れる。ただ、こっそり生クリームをこそぎ取って皿によけたり、なるべく味わわずに飲み込もうとしている自分に気づくと、逆にひどい人間に思えて落ち込んでしまう。ちっちゃな嘘だけど、黙っていれば波風は立たないけど、心の中で親切な人を欺いているという罪悪感。準備してくださった方にも、ケーキを作ってくれたパティシエさんに対しても不誠実で。だから言わなくちゃと思う。思いながら、言えずにいる。
「去年美味しいって言ってたから」と、2年連続で同じケーキを用意してくれた人がいた。正しい優しさって、何だろうなあー。おじいさん、もうそろそろ気づいたかなあー。満腹。

ベツバラ　少し前の桜餅の時といい、電車の中で見かけた人の人生を勝手に妄想するのが私の趣味なんでしょうか。

厄年は立春に始まり節分に終わるという。この文章が掲載されるころ、私の本厄は終わり、かわりに後厄というやつに突入している。この手のジンクスはあまり信じないタイプだけど、今回の本厄に関しては数々の体調不良、不運、大失敗に見舞われたと認めざるを得ない。めったに倒れない私が肺炎で仕事を休んだり、クレジットカードをスキミングされたり、車から1ヶ月以内に2度も当て逃げ被害に遭ったり。

ちょっと待て、体調不良と不運はわかるけど、大失敗はお前の不注意だろと思ったあなた。その通りだよ！　返す言葉もございません。

たとえば酔っぱらって深夜のコンビニ前で体育座りして仮眠とか。大変危険なので読者の皆さんは真似してはいけません。したくもないでしょうけど。よもやとは思いつつ一応「坂本真綾が道で寝てるw」なんて通りすがりの人にツイートされたりしないよう顔だけは必死に隠しながら座っていたのは覚えている。

MANPUKURON 108

ありがとう、こんにちは。

17年3月

だいたい1クールに1回くらいの頻度で誰かに「ついてますよ」と注意された。洋服の首もとからぶら下がる値札、あるいはクリーニングのタグ。一番最近それを注意してくれたのは新人の声優さんで、ずっと私のファンでいてくださった女の子。満腹論のエッセイ集が出たときは、限定のサイン入りをゲットしてくれたそう。そんな憧れの人とついにスタジオで共演という感動の中、背中のタグに目が釘付けだったらしい。恥ずかしい。

朝10時からのアフレコの日、10時に起床。マネージャーさんからの電話で目覚め、絶叫。転げ落ちるようにベッドから這い出し、寝起きの鈍い頭で「遅刻する人間がわきまえるべき服装のTPOって何!?」なんてことを一生懸命考え、なるべく地味な色のシャツとデニムを選んで、すっぴんに寝癖のまま3分後にはもう家を飛び出していた。息を切らせてスタジオに到着して時計を見ると、まだ10時17分！　起きて17分後にスタジオ着いてる私すごくない?!　誰か褒めて褒めてー！と思ったけど言えるわけもなく。とりあえず扉を開けながら土下座。皆さん笑って許してくれましたが。

とにかく他にも大小さまざまなハプニングの連続で、振り返ってみればぎゃーぎゃー言いっぱなしだったこの1年。それをぜんぶ「厄年のせい」と言えたらラクだけど。確かに、イヤなことってなぜか重なるものだし、バイオリズムもあるだろうし、自分ではどうにもならない不運も訪れるのが人生。それでもたぶん自分の身に起きる出来事の多くは、良いことも、悪いことも、自分に起因している。たとえ無意識であれ、遠い昔に蒔いた種であれ、それは自分で呼び寄せている。だから面白いと思うか、だからしんどいと思うか。

もしかしたら厄年って、不本意な出来事は「ぜんぶ厄年のせい」って責任をなすりつけて、ちょっとラクしてもいいよっていう、優しい節目なのかもしれない。ありがとう本厄さん、後厄さんこんにちは。満腹。

MANPUKURON 109

Spring has come

17年4月

「満腹論」、10回目の春！

2008年4月号から連載が始まったので、今号で10年目に突入です。毎月1200文字の宿題に夢中で向き合ううち、気づけば10年。これほどまで長く続くとは、読んでくださるあなたのおかげです。ありがたい。

ちなみに私がこの仕事を始めたのが1988年の春。てことは芸歴30年目に突入……恥ずかしい。なぜって、かけた年月の割に私が未熟だからです。言い訳ですけど、デビュー当時まだ8歳で、芸が何かも解らずただワイワイしてただけなんですから。プロといえるような意識を持ったのはずいぶん後のことなのに、すべてをひっくるめて芸歴に換算してもよいのかどうか。とりあえず30年もひとつのことに打ち込んできたという点は、誇れる気がします。

今でも覚えています、児童劇団のレッスンが楽しくて、毎週土曜日スキップしながら通ったこと。学校でなんとなく感じていた疎外感や劣等感から、解放される場所を見つけた気がしました。生涯の仕事にしようとか、売れたいとか、そんなこと全然考えていなくて。ただ、今楽しいと思う気持ち、必要だと感じるものを大事にしていただけです。それで気づいたら30年。

もし始めから『満腹論』10年の連載を目指して」なんてニュータイプさんから言われていたら、プレッシャーで楽しむ余裕がなかったでしょう。春が来るたび「今年も継続だ、わーい」ではなく「今年も打ち切りにならなかった、ホッ」と感じていたかも。捉え方次第で、同じ10年でも味わいがまったく違いますね。もし8歳のとき誰かに、将来立派な女優や歌手になれとか、売れなきゃだめだなんて言われてたら、私今ここにいるだろうか？ 私の親や劇団の先生は、とてものんびり屋でいてくれた。それは、私には幸運なことでした。

よく、将来を見据えて計画的に生きろという人がいますが、私はそれが苦手です。せいぜい1年先までしか想像できない。ただいつも、その1年の中に必ずひとつは、命をかけなきゃ達成できないような大きな課題があります。ライブだったり、アルバムを作ることだったり、舞台だったり、「あの山を越えるまでは死ねない」という決死の挑戦が。で、山を越えると次の山が見えるから、また進む。そんなふうに目に見える範囲のことに誠心誠意向き合って全力を捧げていれば、自ずと行きたい方向に導かれていくものだと、私自身は経験上そう感じています。

春といえばこの春、〝ほぼ日手帳〟と坂本真綾が初コラボしました。4月1日始まりの手帳。これまで1月1日に新しい手帳に切り替えていた私ですが、この機会に春スタートの手帳に変えてみたところなんだかとてもしっくりきています。というのも私の誕生日は3月31日。個人的に4月1日は、新しい年齢で迎える元日のようなものだからです。37歳の私の365日がこの1冊にまるっと刻まれる。ああ、向こうに険しそうな山が見えます。まずはそれを越えることだけ考えて、新しいシーズンを始めましょう。満腹。

甘いものを断つ！
って決めた瞬間目の前に差し出されたクッキー。「お誕生日月の方に差し上げているんです」とマッサージ店からのプレゼントだった。お気遣いありがとうございます……。その後立ち寄ったコンビニでキャンペーンくじを引いたら「おめでとうございます、アタリです！」と手渡されたチョコレート。それはどうも……。その帰り、タクシーの運転手さんが「はい、飴ちゃん」。なんでじゃー!! なんで邪魔するんじゃー!!

なぜ甘いものを断ちたいのかというと、花粉症などのアレルギーは、砂糖をやめると改善するという説を耳にしたからだ。

スギ花粉アレルギーを自覚したのは中学2年生のときで、毎日机の上に箱ティッシュを置いて授業を受けていたが、薬を飲めば眠くなる↓居眠りする↓先生からやる気がないとみなされる↓薬を飲まなければ鼻水で集中できない↓成績が下がる↓本当にやる気がなくなる↓もっと成績が下がる。というわけでその年の数学のテストで私が0点を取ったのもぜんぶ花粉症のせいだそうに違いない。

MANPUKURON 110

罠

17年5月

もっと困ったのは、鼻声が続いて仕事に影響してしまうこと。くしゃみや鼻水は薬で一時的に抑えることができたとしても、鼻にかかった声の響きを治すことはほぼ不可能。しかも肉声で聞くときよりも、マイクにのせると声の特徴はハッキリと目立ってしまうものだ。恥ずかしいことだが、本当にどうにもならなくて、こもった声のままレコーディングした歌や、収録したセリフも作品としていくつか残ってしまっている。こんなことでは仕事にならないと、23歳のときついに鼻粘膜焼灼術という手術を受けることにした。痛いことが大嫌いな私には大変な覚悟が必要だったわけで、痛くないですかと30回は確認したが「麻酔液を染み込ませたガーゼを鼻の中に入れて痛みを緩和するので大丈夫、手術っていったってほんの数分で終わっちゃうんですから」とお医者さんが言うので信じることにした。結果、死ぬほど痛かった。むりむりむり、そんな長いの入りません、鼻というかもうそこ脳じゃないですか？っていう感じ。でも頑張った甲斐あって、この手術以降現在にいたるまで、明らかに症状が軽くなった。この手術による効果はだいたい1～2年程度といわれているのだけど、私は運が良かったのかも。今でも薬を飲む必要はあるけど、昔は夜も眠れないくらいだったのだからそれに比べれば天国。

ただ、今は目の痒みが辛くて辛くて。目薬くらいしか対策がないが、そんなものじゃ治まらない。撮影のときに目が真っ赤だったりしてやっぱり困る。

だから騙されたと思って、なるべく砂糖の摂取量を減らしてみようと。甘いものはもともとそんなに食べない方だけど、そんな私でもスタジオにある美味しそうな差し入れをスルーするのは結構つらい。でも！　今日から甘い物を断つのだ！って言ったそばからレストランで「オープン5周年のサービスです」とデザートが。

……おめでとうございます。満腹。

MANPUKURON 111

青は、青？

17年6月

ある朝、玄関の扉を開けると春の匂いがした。思わず顔がほころぶ。いつも以上に長く感じた冬がついに終わって、まさに今日新しい季節が始まったのだ。清々しい気持ちで力強く歩き出したところへ、通りがかったご近所さん。こんなふうに声をかけてきた。

「おはようございます。今日はまたずいぶんと冷えますねぇ」

え？　たった今あたたかな陽気に感動していた私とは真逆のご感想。その表情も声も、私の高揚した気分とは正反対の様子である。同じ朝陽の下に立っているというのに、まるで別々の時空に生きているようで、キツネにつままれたような違和感を感じつつも私は反射的に「そうですねぇ」と同調して微笑み返した。

それで思い出した。今年のお正月に家族で深夜まで興じたフランス生まれのボードゲーム「ディクシット」のこと。このゲームがどんなものか、やったことがない人に説明するのは難しいのだけど、さまざまなイラストが描かれたカードを使って遊ぶもので、想像力と表現力が試される、実に芸術性の高いゲームなのだ。プレイヤーは手持ちのカードのイラストを見て、そこから受けたインスピレーションを言葉で表現しなければならない。私はエッセイを書いたり作詞をして言葉を紡ぐのには慣れているのであって、まさに得意分野だと張り切っていたのだが、ゲームにはボロ負けだった。私だけ、他のプレイヤーとことごとく感覚が一致しないことが敗因だった。同じイラストを見てみんなが「友情」をイメージしたのに私だけ「戦争」を連想してしまったり。私が絶対にAと自信を持って答えたときに、他の全員がBの方を選んでいたりするのだ。ゲームに負けたことも悔しいが、それ以上に自分に誰も共感してくれないことで、奇妙な気分だった。私が良いと思って買った靴や、面白いと思う本、好きなメロディ、そういうものがことごとく他人からすると理解不能だったらどうしよう。たとえば私がずっと青色だと思って見てきた色が、実は他の人から見ると全然違う色だったりする可能性もあるけど、その真偽は確かめようもない。

　人と異なる部分こそ、個性であり魅力。この仕事には特に必要な要素だ。でもあまりに周りと感覚がズレていたら、それはやっぱり不安で孤独である。自分が良いと思うものを信じたいけど、あのご近所さんへの相づちのように、正反対の意見にとりあえず「そうですね」と言えちゃう自分もいる。

　青じゃないかもしれないけど青色のお気に入りの服を着て、今朝も玄関の扉を開ける。あったかいけどあったかくないかもしれない空気を吸い込んで、私は気持ちいいと思う。それで幸せな気分になる。私が幸せを感じていると、家族とも仕事仲間ともうまくいく。そのような環境だと、仕事にも有意義に打ち込める。そうやって愛情を注いで創られた作品が、誰かに届いていく。そういうのって、良いと思う。つまりわかんないけど結局、私は私が良いと思う歌を歌い、私が良いと思う芝居を目指すしか、生きる道はないみたい。満腹。

MANPUKURON 112

誰も知らない“Vチェック”

17年7月

声優がほぼ毎日行う職務といえば、V《ブイ》チェック。基本的に家でひとりでやる作業なので、皆さんご存知ないかもしれません。

通常、収録の数日前には台本とともにＤＶＤが渡されます。海外作品の吹き替えの場合は原音のままの本編、アニメの場合は完成間近の状態の映像。声優は台本と映像を照らし合わせながら、各自で予習して本番に備えるのです。

これがけっこう大変。通してザッと見るのではなく、同じシーンを何度も巻き戻す必要があるし、作品の全体像を把握しつつ、自分の役の表情や動作を覚え、セリフのテンポや尺、息継ぎのタイミング等を確認します。台本に間違いがあることも多いので、気を抜けません。

私の感覚ではアニメよりも実写作品のほうがチェックに時間がかかります。アニメは、各セリフの尺は決まっていますが、喋り出しと終わりのタイミングが合っていれば演じ方は自由です。収録した音声に合わせて後から画やＢＧＭを調節してくれるケースもあります。でも実写はすでに完成しているフィルムに、できる限りこちらが寄り添う必要があります。生身の俳優さんがどんなふうに息を吸ってから喋り出すか、声のトーンや表情はどこでどう動くか微妙な変化を見逃せないし、ＢＧＭやＳＥの入り方も演技に関わる要素です。また英語は文法的に動詞が先に来るためセリフの頭に語気が強くなることが多いですが、日本語は文末に強い意味が来ます。原音のテンション、口を大きく開ける西洋的な喋り方に、どうすればしっくり来るか考える必要があるのです。ちなみに韓国語の文法は日本語と似ていますが、語尾の母音の残り方が日本語と大きく異なります。そんなマニアックなポイントを気にしながら見るのがVチェック。だから時間がかかるんです。

　しかし同業者同士でも他の声優さんがVチェックする様子を見る機会はありませんし、〝Vチェックのやり方〟なんて養成所でも教えないらしいです。みんな、独自のスタイルを見つけねばなりません。

　私は子役時代（当時はまだビデオテープでした）家にはテレビが1台しかなく、常に両親のいるところでチェックしていたせいで、恥ずかしくて声を出さずにチェックするのが習慣となってしまいました。人によっては本番さながらの熱量でセリフを言ってみるタイプもいます。

戦闘シーンや悪役など、物騒なセリフの練習を自宅で行っていたら、隣人が事件と間違えて通報してしまったなんてこともけっこうよくある話。

　Vチェックは孤独です。ヘトヘトで帰ってきて、夜中に睡魔と闘いながら画面とにらめっこの日々です。声優が夜な夜な人知れずこんなに奮闘している姿って、実は身近なスタッフやマネージャーでさえ見たことないんだよなあ。この大変さ、わかってくれてるかなあ!?　だけどこの作業をサボると、現場で困るのは自分。仕事が好きだから、うまくなりたいから、頑張れるのです。これから声優になりたい人、覚悟なさいまし。満腹。

ベツバラ　ちなみに大昔は事前のチェックはなくて、当日の朝に全員で“通し見”（頭からお尻までを全員で一緒に1回だけ見る）だけでした。その1回で全てチェックするのです。その後VHSになり、DVDになり、今ではほとんどデータのダウンロードが主流。荷物はどんどん軽くなっています。

2年ぶりに広島の嚴島神社でライブを行いました。あの場所で歌える機会なんて、一生に一度でもあれば幸運だと思っていたのにまさか二度目があるなんて。しかも今回は二日間。有り難いご縁です。もし三度目があればもちろん嬉しいけど、これが最後でも悔いはないと言えるほど、とても充実した内容でした。

それにしても、ライブで全力を出し切った後にその土地の美味しいものをいただく瞬間は、至福そのものです。ステージがうまくいったと実感している日ほど、お腹が満たされていく幸福感とシンクロしてこの上なくハッピー。しかも打ち上げは、現地のイベンターさんが勧める、選りすぐりのお店に連れていってもらえるのですから、最高だー。

MANPUKURON 113

スペシャルサンクス

17年8月

「イベンター」というお仕事のこと、よく知らない人もいるかもしれません。とにかくライブやイベントを開催するときに欠かせない存在です。ひとつの催し物を成功させるためには、いろんなジャンルのプロが集まって協力し合います。その橋渡しをしたり、最も良い状態で本番を迎えるために全体を調整してくれるのがイベンターさん。まさに縁の下の力持ち。アーティストが良いパフォーマンスを発揮できるよう、お客様が安全に楽しめるよう、様々な準備を一緒にしてくれます。

たとえば広島では広島在住のイベンターさんがいます。いわば広島のスペシャリスト。細かいことまで地元の視点で把握した上でサポートしてくれます。各地のイベンターさんを見ていると、皆さん心の底から音楽が大好き、自分の街が大好き、という方が多いです。だから遠くから来たアーティストに、短い滞在でも快適に過ごしてほしい、そしてこの街を好きになって「また来たい」と思ってほしいという、深い愛が伝わってきます。それで、終演後の私たちが打ち上げをするお店も「ここが美味しいですよ！」と張り切って紹介してくれるというわけです。

連れていってくれるだけでなく、私たちの宴席にお付き合いくださって、一緒にお酒を酌み交わし、交流を深めます。ちゃんとその日のステージを見ていてくれて、どこが良かったとか、お客様の様子はどうだったかなど、いろんな感想を聞かせてくれたりするので、ツアー中は大きな励みになることも。私たちにしてみれば本番の余韻と高揚感で〝特別な夜〟というテンションなので、2軒目、3軒目と深夜までハシゴすることもありますが、最後まで同行してホテルに送り届けてくださるので申し訳ないです。一年中、ほぼ毎日のように様々なアーティストに付き添って外食をしているはずで、体調の管理も大変だろうに……と心配になるけれど。でも彼らが教えてくれた全国各地の美味しいものたちは、確実に私の食へのこだわりを深めた要因のひとつであって、この「満腹論」にも大きな影響を与え続けてます。もしも将来、単行本「満腹論2」を出版する日が来たら、そのときはスペシャルサンクスとして「全国のイベンターのみなさん」と書き添えたい。

満腹。

MANPUKURON 114

目には見えないもの

17年9月

前世とか、守護霊とか、オーラとか、お化けとか、見える人もいるっていう。とりあえず私には見えないのでどんなものかはわからない。でも見えないからって否定するつもりもない。

前世、あるかもね。守護霊、いるかもね。逆に全肯定派なのかも。たとえば私の感情は私が言葉や態度で表さない限り誰にも見えないが、確かに存在する。でも当の私ですら、自分の感情を全て把握してコントロールしているわけじゃない。そういうのと似てるのかなーと、思ったり。

劇場やスタジオは心霊現象の噂がつきものだ。20年間通っているスタジオもお墓の隣にあるせいか昔からいろんな逸話があるけれど、私は遭遇したことがない。ただ、2階の女子トイレにある洗面台は、誰もいなくても急に蛇口から水が出ることがあるので奇妙には思っていた。昨年ごろから「ときどき水が出ます。お騒がせしてすみません」と張り紙が貼られるようになった。「故障」とも書かれず、特に修理もしないままになっているところをみると、スタジオの人も理由はわかっていないんだろう。変だけど、直せないならしょうがない。

私の唯一の怖い体験といえば、仕事で地方のホテルに泊まったときのこと。深夜1時ごろ眠ろうとすると隣の部屋が騒がしい。ドアノブをガチャガチャ回す音や、クローゼットの中のハンガーが揺れているような音が断続的に続く。その部屋には同じチームのスタッフが泊まっているはずなのだけど。布団をかぶって目を閉じてようやく眠りについたが、恐ろしい夢を見て脂汗をかきながら目を覚ました。翌朝スタッフと顔を合わせると「昨日の夜お部屋で一体なにしていたんですか。踊りまくってました？」と笑われた。「私はあなたのお部屋の音だと思ってたんですけど」と言ったら「いや、坂本さんのお部屋でドアノブを回す音で眠れなかったんですから……」。後でわかったことだがそのホテルの、まさに私たちの泊まった部屋番号は、ネットでも噂の有名な心霊スポットだったらしい。でも見たわけじゃないので遭遇とは言えない。

　そういえば幼い頃自宅にあったアロエの鉢植え。葉から、もやもやと透明の蜃気楼のようなものが立ち上っていて、輪郭に沿って漂っていた。触ってみると指にまとわりついてくる。それが面白くて遊んでいたら母が「さっきから何してるの？」と声をかけてきたので「この透明

のもの、なあに？」と尋ねた。でもいくら説明しても「お母さんには見えないわ」と首を傾げるばかり。そこで初めて、他のみんなには見えないものらしいと気づいたのだ。で、なぜかその日から私にも見えなくなった。正体はわからないし、もう確かめる術もない。

　私の感情は胸にしまっておけば、誰も知ることはない。そのほうがいい場合もあるし、うまく表せないだけで本当は気づいてほしいということもある。目には見えないものたちも、そっとしておいてほしい反面、ときどきちょっとだけ気づいてほしい時があって、不器用に存在をアピールしているのかな。満腹。

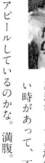

MANPUKURON 115

誕生日には わかめスープ

17年10月

放送中の韓国ドラマ「オクニョ 運命の女《ひと》」。私は主人公オクニョの吹き替えをしている。舞台は朝鮮王朝時代の監獄だが、先日、謎なシーンがあった。3人の泥棒が刑期を終えて出所すると、身内の者が豆腐を片手に待っていて「どうぞ！」と差し出すのだ。調理もせず、ただ皿に載せただけの大きな四角い豆腐。泥棒たちは受け取るとすぐに、立ったままむしゃむしゃと食べ始める。しかし豆腐についての説明はなく、ストーリーはどんどん進んでいった。私にはずいぶん唐突な展開に思えたのだけど、これは韓国に昔からある習わしで、現代も刑務所を出た人が豆腐を食べる風習は残っているという。その理由は諸説あって、昔の監獄で出された食事は粗末だったため、栄養を補う意味や、白い豆腐のようにまっさらな心で心機一転頑張れというメッセージが込められているともいわれる。なるほど、全然知らなかった。

以前、別の作品だがやはり韓国ドラマで、ラブストーリーのヒロイン役をつとめていたときのこと。密かに想いを寄せる男性に向かって放つ、こんなセリフがあった。

「今日は誕生日でしょ、わかめスープを飲んで」

颯爽と去る彼女を男は憂いの表情で見送り……ってちょっと待って、わかめスープ？　普通ケーキじゃない？　物語の佳境でシリアスなムードが漂う中、真顔で突然のわかめスープ。いったいどんな気持ちでこのセリフを言えばいいのか？

スタッフに尋ねると、韓国では誕生日の朝にわかめスープを飲む習慣があることを教えてくれた。韓国の女性は出産後、わかめのたっぷり入ったスープを毎日のように飲んで体を整える。誕生日にそのスープを飲むのは、苦労して生んでくれた母親に想いを馳せ、感謝するためなのだとか。なるほど、それをふまえてもう一度この場面を見てみると、すごく切ないではないか。なぜなら男は、彼女の生き別れた兄だと偽っているのだ。今日が誕生日なのは本物の兄であって、その男ではない。あの憂いの表情は嘘をついている罪悪感が強まったという表現だったのだ。納得。これで私も心からセリフを言える。ちなみに、ミヨッグッっていう名前で、わかめだけでなく牛肉も入っているみたい。おいしそう。

世界にはいろんな風習があるなあ。子役時代から吹き替えの仕事を通して、旅行で訪れるだけでは出会えないような、そこに暮らす人たちに根付いた食を役を通して味わうことができた。おかげでこんなに食いしん坊になっちゃったのかも。アメリカの高校を舞台にした物語なら必ずと言っていいほど出てくるプロムやホームカミングは、日本ではなじみのない行事だけれど、映画やドラマの中でなら私は何度も行ったことがある。そのたびに定番の赤いフルーツパンチを目にしてきたものだから「あれって別にそんなに美味しくないのよね～」なんて、まるで本当に口にしたことがあるような気がしちゃうから面白い。

次の誕生日にはわかめスープを飲んでみよう。満腹。

感謝の気持ちで…

センイル。わかめスープ

〈材料〉

塩蔵わかめ・・・20g（塩を洗い流して水で戻しざく切り）

長ねぎ・・・1／2本（斜め薄切り）50g

牛切り落とし肉・・・120g

　塩・こしょう・・・少々

煮干し・・・10g（頭と内臓を除く）

A水・・・3カップ
しょうゆ・・・小さじ1
あればアミの塩辛・・・小さじ1（ない場合はしょうゆを少し多めに）
にんにくのすりおろし・・・1かけ
白炒りごま・・・大さじ1
粗挽き粉唐辛子・・・適量
ごま油・・・小さじ2

〈作り方〉

1. 牛肉には塩・こしょうで下味をつける。
2. 鍋に煮干しを加え弱火で乾煎りする。
中火にしてごま油を加え牛肉と長ねぎ、わかめをさっと炒め、Aを加え煮立てる。
煮立ったら弱めの中火にし蓋をして15分ほど煮込む。
3. わかめがとろとろになるまで煮て、器に盛り炒りごまとお好みで粉唐辛子をふる。

〈坂本真綾コメント〉

センイルは韓国語でお誕生日という意味。産んでくれたお母さんへの感謝の気持ちを噛み締めながら、味わいたいスープです。ご飯を入れてクッパみたいにしても美味しいかもしれません。

MANPUKURON 116

動く書斎

17年11月

長いことペーパードライバーだった。24歳で運転免許を取ったが、車が欲しかったわけではない。東京では車より断然電車が実用的。駐車場代は驚くほど高いし、渋滞ばかりだし、地球にも優しくないし。それでも、将来絶対必要になる時が来るとまわりの大人が言うので、一応取得したのだった。

その12年後、去年のことだが、ついに車を買った。以来ほとんど毎日運転している。大人の言うことを聞いておいて大正解。車のある生活は想像していた以上に私にフィットするものだった。移動のための乗り物というだけではない。まさに、動く書斎。私の仕事の能率は格段にアップした。

まず朝、出勤する道のりが同時に発声練習の場になった。車内でラジオや好きな音楽をかけて、一緒に歌う。これだけで朝の現場での第一声のクオリティが全然違う！　気がする！

遠い昔、公開前の超大作映画の台本が入った鞄を、うっかり電車の網棚に忘れてきたことがあった。幸い、すぐに見つかり、誰にも台本の中身を見られることなく回収できたのだけど、万が一それがきっかけで情報漏洩に繋がったら大問題だったわけで、今でも思い出すとゾッとする。放送前のアニメ、発売前のゲームの台本や映像資料などもセキュリティが厳しく、管理には大変気を遣う。実は声優って毎日とんでもない貴重品を持ち歩いているのだ。でももう大丈夫。マイカー移動になった今、とりあえず網棚に忘れてくる可能性はゼロ！

一日に複数の現場を掛け持つ中で、仕事と仕事の合間がぽっかり2、3時間空いてしまうことがある。そんなとき、これまではカフェなどに入って仕事をしていた。パソコンを開いて歌詞や原稿を書く、台本の下読み、舞台のセリフを覚えるなど。でもやっぱり人がたくさん行き来する場所で集中するのは難しい。セリフも実際に声に出して練習することはできないし、歌詞を書いていても、頭の中で歌ってみた感じでは「良いフレーズ！」と思ったのに、あとで声に出して歌ってみたらイマイチで結局ボツにするなんてことも。実はこの満腹論も、必ず音読しながら執筆している。そのほうが文章のテンポがよくわかるからだ。

　これらの作業をすべて、車の中でできるようになった。これが超絶、調子がいい。誰の目も気にせず、思いきり声を出すことができる。今まで家に帰ってからやっていた業務の一部をこうして空き時間に進めることができるのだ。なぜもっと早く車買わなかったんだろう！

　他にも、仮眠できるとか、自作のお弁当を食べる場所に困らなくなったとか、利点はいろいろある中で、想定外の収穫は泣いてもいい場所ができたこと。無自覚だったが、私にはすっきりと泣ける場所がなかったらしい。大人が泣いてもいいのは本当に極限のときだけと、勝手に思い込んでいた。でも車の中では、ほんの些細なことでも躊躇なく泣いてしまって、おかげで痛みは長く続かずさっさと忘れられるようになった。私の書斎、便利なのです。

満腹。

MANPUKURON 117

怪我の上塗り

17年12月

生まれて初めて骨折を体験した。左の足の小指。地味だが痛い。

ある朝、仕事へ出かける直前、何の障害物もないリビングの真ん中で転んだのだ。瞬間、ただ事ではないとすぐに察した。小指が謎な角度を向いて、みるみるうちにつま先全体がクリームパンみたいに腫れ上がっていく。這ってでも仕事に行かなくてはと思ったが、5メートル歩くのに15分もかかる始末で、仕方なく病院へ。診断は骨折。レントゲン写真を見ると、今にも「ポキ」というまぬけな効果音が聞こえそうな、見事な折れっぷりだった。お医者さんは、添え木と一緒に包帯をぐるぐる巻いて「あとはくっつくのを待つだけ」と。私は慣れない松葉杖の扱いに苦戦しながら、週末に出演するイベントのことで頭がいっぱいだった。

そのイベントでは朗読劇のクライマックスで、サプライズで私が登場し1曲だけ歌を歌うことになっている。感動的な場面なのに、何の説明もなく松葉杖をついた私が出てきておもむろに歌い始めたら、それはほとんどコントだ。結局ロングスカートで足もとを隠し、杖なしで乗り切った。お客さんは、気づかなかったと思う。

人間の治癒力ってすごいもので、骨は自然にくっついた。数週間後には痛みを忘れて歩けるほどに回復。そんなとき、悲劇は再び起きたのだった。

なんとまたしても同じく家のリビングで、信じられないくらい器用な転び方をして今度は床に顔を強打。っていう話をすると誰もが「なぜ手をつかなかったのか」と問うのだけれど、そりゃ私だって手をつければついたでしょうよ。

本当に何もない平らなところで転ぶという特技が、私にはあるようです。ともかく、顎にかなり強い衝撃を受け、一瞬パニックに。だって大事なファンクラブイベントツアーの真っ最中だというのに、もし顎の骨折なんてことになったら、歌えなくなったらどうしよう……！　幸い、骨には異常がなく、歌うことにも支障はなかったが、ひとつだけ問題が。腫れが引いてもなかなか消えない、大きくて濃い青アザ。まるで顎髭でもたくわえているかのように見える。もしステージで歌う私の顎にうっすら青いものを発見したら、音楽に集中してもらえないかも。いくらファンクラブに入るほど熱烈に応援してくれている皆さんだって、坂本真綾（顎髭あり）を受け入れられるかどうか。転倒から4日後、どうにかメイクでカバーしてステージに立った。客席で見ていたスタッフによるとうまく隠れていたそうで、お客さんには気づかれなかっただろうとのこと。現在までに、坂本さん髭生えてましたよというご指摘のファンレターなどもいただいていないので大丈夫なはず。あ、もし気づいたとしても、指摘する勇気はないか。あのう、もしもこれを読んでいる人の中で、ファンクラブイベントに来て、私の顎の青さが気になってた人がいたとしたら、それは青タンです。今ではすっかりきれいに消えましたのでご安心ください。満腹。

ベツバラ　短いスパンで2度も怪我、しかもどちらも家の中でと説明したら、お医者さんからは怪訝な顔をされ「本当に転んだんですか？」「どういう状況だったのか詳しく説明して」と突っ込まれました。DVではないかと疑われたようです。なぜ手をつかなかったんですか、顔から転ぶってどういうことですか、って。そう言われても本当に私もわからない……。

MANPUKURON 118

言葉、その力。

18年1月

ラジオ番組「坂本真綾ビタミンM」(bayfm)が、今年10月に800回目の放送を迎えた。800回！　年月にして15年！　ありがたいことだ。

放送開始時、私は大学を卒業したばかりの22歳。ずっと仕事と学業を両立してきたとはいえ、やっと社会人になったばかりのひよっこが、狭い視野と少ない人生経験を露呈しつつもなんとか約30分間の持ち時間をこなしていた。もともと人前で喋ることはあまり得意ではない。それでも面白いことを言わなくちゃと意気込むあまり空回りしたり。あとで「もっと他の言い方があったのでは」と落ち込んだり。反省を繰り返しながら、少しずつ自分らしい在り方を模索した15年。

ラジオって不思議。たとえば旅の思い出を語るとして。きれいな海に面した港町で、名産の魚介スープは濃厚で、地元の方は親切で身も心も温まった……とか言うと、リスナーは各々、景色や味を想像し、思い浮かべることだろう。もしこれがテレビやネットなら「こんな景色でした」と写真一枚見せれば済むこと。ラジオではすべて言葉に変換しなければ伝わらない。その言葉のチョイスは、話し手の感性にのみ由来する。

「きれい」とはどういうことだろう。「濃厚」とは？「親切」とは？　色々語っているようで少しヒントが少ない。同じことでも、こう言えばより伝わるだろうか。まるで南仏の港町みたいに洗練された雰囲気、夕暮れ時の海は水面がきらきら輝き、時が過ぎるのも忘れて眺めた。名物のスープは魚介の旨味が詰まってとろみがあり、少し味が濃いけどそれも寒い土地の郷土料理ならでは。

おかげで冷えた体が芯から温まった。地元の方はみんな気さくに話しかけてくれてこちらも自然と笑顔になる、何度でも訪れたい場所……。言葉の使い方次第で、見えてくる景色は全然違う。

リスナーは、そんなに素敵なら今度行ってみようかな、と思うかも。でもどんなに細かく説明しても、話し手が実際に目にした景色とまったく同じものを見せることは不可能だ。発信する人と、電波越しに聞いている無数のリスナーひとりひとりの間で、共有しているものは実はとても曖昧なのである。それでいて、喜びを含んだ声や、言葉のまわりに漂うニュアンスで、一番大事な「幸福感」という形のないものを確かに手渡すことはできる。目に見えないからこそ、お互いにアンテナを高く伸ばし、伝えたい、汲み取りたいと歩み寄る。だからラジオは面白い。

言葉の持つ魅力と怖さを思い知るラジオの現場。私にとって何気ないひとことが、誰かにとって暴力になる可能性は常にある。言葉は慎重に選ぶべき、だけど上辺だけの言葉はすぐに見破られてしまう。そして一度発したら、絶対に取り戻すことはできない。８００回やってても難しい。今では誰もが世界に向けて、手元のスマホから簡単に言葉を発信できる時代。その責任の重さを、私の経験から若い人たちに伝えられたらなと思うけど、なかなか難しい。満腹。

「カードキャプターさくら」見てました、主題歌の「プラチナ」が大好きです、初めて買ったCDです、としょっちゅう言われる。共演者さんから、スタッフさんから、取材に来たライターさんから、ショップ店員さんや通りすがりの人からも。

当時子どもだった世代が、今では社会人となり私のライブに足を運んでくれる。「プラチナ」のイントロが始まった瞬間、会場全体が沸くのが伝わってくるのだ。作品の影響力の大きさはむしろ約20年の時を経た今だからこそ、あらためて実感することが多い。そんな「カードキャプターさくら」の新シリーズ「クリアカード編」が今年1月から放送されるというニュースは、かなり注目された。

私はオープニングテーマソングを担当させていただくこととなった。長年歌い続けてきたからこそ果たせた再会。喜びと光栄な気持ちがまずあって、そのあとすぐに大きなプレッシャーがやってきた。CLAMP先生や監督、昔から「さくら」や「プラチナ」を愛してくれた人たち、そして今回初めて「さくら」と出会う今の子どもたち。みんなを同時に納得させる曲なんて、できるだろうか？　私自身も20歳近く年齢を重ねているのに、あのピュアできらきらした世界観と、うまく噛み合うんだろうか？　再会って、難しいなあ。

MANPUKURON 119

クリア

18年2月

誰に曲を書いてもらうか、どんな歌詞を書くか、毎日悶々と考えていたとき、別の仕事の場で「カードキャプターさくら」に小狼《シャオラン》役で出演している声優のくまいもとこさんとご一緒する機会があった。新シリーズの声優陣も20年前と同じメンバーが集結する。その話題になったとき、くまいさんが「最近よく〝初恋の相手は小狼君です！〟なんて若い人から言われるんだ」とおっしゃったのを聞いて、やっぱり同じなんだと思った。時を経ても多くの人の心に特別な存在として残っているような作品や役って、そう出会えるものではない。巡り会えただけで幸運なのに、再会はもっと幸運。だから今回の新しい「さくら」も気負わず楽しんで取り組まなくちゃと、そんなお話をしてくれた。

　アニメの世界では、しばしば時が止まる。年をとらないキャラクターたち。でも、現実の世界の私たちは着々と年をとる。かつて、魔法を使える特別な女の子に憧れた少女たちは、今ごろどんな大人の女性になっているだろう。何度か恋をして、失敗や成功を体験して、育った街を離れたり、母親になった人もいるだろう。魔法がなくても、きっと自分なりの方法で無数のハードルをクリアしてきたに違いない。「プラチナ」を歌った19歳の頃には、まるで想像もできなかったような20年を経て、今ここにいる私。延長線上にある別の景色の中を、今でも走り続けている。

　一緒に時を重ねた人をねぎらう気持ちと、これから大人になる子どもたちへ残したいメッセージは、案外共通するものだと気づいて、歌詞は完成へと向かった。何かを「クリア」したいと思ったときこの曲を聴くと力が湧いてくる、そんな曲に育っていったら嬉しい。満腹。

MANPUKURON 120

まさかこんな日が来るなんて

18年3月

今年の正月、私は久しぶりに実家へ帰ると家族への挨拶もそこそこに、かつての自分の部屋で、あるものを探していた。それは一枚の写真。子どものとき、憧れのミュージカル女優・土居裕子さんと一緒に撮ってもらったツーショット写真だ。

小学生のとき音楽座の「シャボン玉とんだ宇宙《ソラ》までとんだ」という作品を観て、それはそれは激しく感動し、まさに雷に打たれたように「将来はミュージカル女優になりたい！」と言い出した。そのとき主演していたのが土居さん。以来すっかりファンになって、公演のたび欠かさず足を運んだ。

土居さんの魅力は、女神のような歌声、情熱的なお芝居、かわいくてかっこいい、どこか中性的なムードが漂うところ。世の中にこんな完璧な人っているのかと、彼女のように素敵な女性になれたらと思った。

時は流れ、今年1月。なんとその土居さんと共演することになった。まさかこんな日が来るなんて！

初顔合わせの日、土居さんは稽古場に入ってくるなりあの女神声で「おはようございまーす」と言うと、スタスタとこちらへ歩いてきて私のすぐ隣の席に座った。もう一度言おう、まさかこんな日が来るなんて！

私自身、仕事の場で「ずっとファンでした」「共演するのが夢でした」なんて言われることが多いんだけれど、考えてみたらあの人たち、凄いな！　憧れの人に憧れてましたって言うの、すげー勇気いるじゃん！ということが、このとき初めてわかった。

私が演じるパーシーと、土居さんのシェルビーは、物語の中で強い友情を築いていく役柄。2人だけのシーンが多く、恐れ多くもデュエットまであるのだ。初めて土居さんと一緒に歌った瞬間、やっぱり心の中でこう叫ばずにはいられなかった。まさかこんな日が来るなんて！

　ところで稽古中、ときどき変な匂いがするのが気になった。どこからともなく、何か生臭い食べ物の匂いが……。やっとその正体が分かったのだけど、土居さんが持参しているアタリメだった。女神が、歌の合間にアタリメを食べてる……衝撃。理由を聞いたら、歌うときには喉を潤すためにわざと唾液の出やすい食べ物を口にするのだそうで、それにはアタリメがいちばん良いんだって。憧れの人がやってるんだから、私も真似しないと。

　さて、実家の押し入れの古いアルバムから引っ張り出した例の写真。日付は、1992年6月と印字されていた。12歳の私と、25年前の土居さん。知人のツテで一度だけ土居さんの楽屋に連れて行ってもらったことがあり、そのとき撮ってもらったものだ。私の顔は緊張と興奮をぐっと押し殺したような、なんとも言えない表情。きっと初顔合わせの日の私も、こんな顔をしていたに違いない。そして土居さんは、全然変わってない。今も昔もキラキラだ。

　8歳で児童劇団に入って、今年がちょうど30年目。あの頃劇場の後ろのほうの席で、一瞬も見逃すまいと食い入るように見つめた夢の世界に、今足を踏み入れている。まさかこんな日が来るなんて。満腹。

MANPUKURON 121

けん玉クレープ

18年4月

巷で人気のクレープ屋さん、行列に並んでみた。なんだか和風の建物で、紺色ののれんがかかった店先。看板もメニューもなく、ちっともクレープ屋さんぽくないし、知らなければ素通りしてしまうような外観。初めての私には不親切すぎるんだけれど、それも隠れ家っぽくて楽しい。いよいよ次が私の番というところまできたが、相変わらずメニューは見あたらないので、前の人がどんなものをオーダーするのか聞き耳をたてていた。すると常連っぽい男性が慣れた口調で、

「けん玉ひとつ」

と言った。

「はい、けん玉クレープにはご飯と野菜がありますがどちらになさいますか?」

「ご飯で」

「はい、けん玉ご飯クレープ、700円になります」

……激しく混乱!!

という、夢。昨晩見た夢の話です、これ。

まったく、毎晩こんな調子だ。私の見る夢は必ずといっていいほど、焦っていたり、怒っていたり、失敗したりと、心穏やかにはいられない状況か、そうでなければけん玉クレープのように珍妙な世界観。寝ながら感情がぐるぐる動いて、起きた瞬間にはもうヘトヘトなのだ。夢も見ずに眠りに集中できる日は滅多にない。

それほどハッキリ覚えていて、しかもカラーであるということは、何かの暗示かもしれないよなんて言われることもある。でも私、夢占いってやつはあんまり興味がない。記憶や潜在意識

が夢に影響するのは理解できるけど、それが災いの前触れだとか良い兆しだとか言われちゃうと、どうして未来のことに関係があるんだい、と思ってしまう。

　私は、占いというものを信じていないのかもしれない。雑誌の占いページは一応読むし、いいことが書いてあれば嬉しいけど、ページを閉じる頃にはもう全部忘れてしまう。結婚するちょっと前、知人から当たると評判の占い師さんを紹介されて面白半分に見てもらったら「運命の人にはまだ出会ってない」と断言された。でも結婚しちゃった。今日会ったばかりの他人より、自分のほうが信じられるもの。

　高校生のとき家族で引っ越しをして、私は人生で初めて自分専用の部屋を持てることになった。当時流行していた風水にハマっていた母が、新居の家具の配置を決める参考にしていたんだけど、そのせいで私の部屋のカーテンは相談もなく黄色と決められ、引っ越したその日にはもう窓にかかっていた。せっかく念願の自分のお城なのに、全然好みじゃないカーテンを毎日見ながら暮らすなんて！と抗議したが、でも運を呼び込めるのよ、と悪びれない母。その後、初めて一人暮らしするときにも、玄関にはカエルの置物を置けとか寝るときの枕の向きを心配してきたけど、すべて聞き流した。

　さっき夢占いのサイトで「けん玉」と検索したが、そんな項目はなかった。占う価値すらない無意味な夢のせいで眠い。満腹。

MANPUKURON 122

ハロー、ハロー、私はここにいました。

18年5月

どうも坂本真綾38歳です。そうなんです、3月に38歳になりました。これを読んでいる方の中には、あら自分の倍も生きているんですか、なんて思う人もいるでしょうね。

先日、大阪・台湾・香港・東京で行ったライブツアーにも本当に幅広い年齢層、さまざまな国籍の方々にご来場いただいたわけですが、ステージから見渡すと実にいろいろな人が、ひとつの空間で、同じ音楽に身を委ねていて。それはそれは素敵な光景です。私が16歳で歌手デビューした当時同じように高校生だったみなさんは、私と似たようなペースで一通りの挫折や葛藤を味わって今に至り、お互いに激励を送り合うような関係。かと思えば、中高生の方々がお小遣いを貯めて「人生で初めてのライブが真綾さんのライブです！」と鼻息荒く駆けつけてくださったりもします。私のことを「真綾ちゃんも立派になって」と言う年上のファンの方もいるし、「真綾姉さんのようになりたい」などと言ってくれる年下の人もいます。こそばゆいけど、有り難いことです。

で、新曲「ハロー、ハロー」の話。テレビアニメ「あまんちゅ！〜あどばんす〜」のエンディングテーマとして、私が作詞・作曲させていただきました。女子高生がダイビング部で奮闘する青春ストーリーということで、フレッシュさと可愛らしさが不可欠。でもなにせ、実際彼女たちの倍くらいの年齢となった私が歌うのですから、ただ闇雲に若さを取り繕っても不気味なだけです。どうしたら私の世代でも共感できて、若い世代にも伝わる楽曲が書けるだろうかと考えました。

自分が高校生だった頃のことを思い返してみると、真っ先に浮かんだのは、冬になるとお気に入りで毎日着ていた赤いダッフルコート。ともだちと自転車で帰りながら写真を撮り合ったこととか、放課後に廊下のロッカーの上によじ上って座り眺めた夕日。不思議なもので、入学式とか修学旅行みたいな大イベントのことはあんまり思い出さないけれど、日常の特別でも何でもないことは鮮明に覚えていて。それらは、全然役には立たないけれど、懐かしくて心地のいい気分にさせてくれる記憶でした。まるで高校生の私が「ハロー、ハロー」と手を振って、こちらに合図を送っているみたい。廊下で夕日を眺めている自分が、ふいにこっちを振り返るのです。「私はここにいたんだよ、覚えてる？」と。

そうか、これを歌にすればいいんだ、と思いました。過去の私から届いたメッセージ。そして、今の私が未来のために書き置きするメッセージを。

何気ない日々の連続が、未来の自分の宝物になる。いつか私が80歳くらいになって、38歳の日々を思い返すとき、どんなことを懐かしむのでしょうか。今の私がどうでもいいと思っているようなことを、特別な宝物として見つめ直すときも来るのでしょうか。

ハロー、ハロー！　私、ここにいたよ。満腹。

3月のツアーは私にとって初めての海外公演も含まれていた。台湾と、香港。

デビューして間もなく、世界中からファンレターが届き始めた。16歳の高校生だった私、突然遠い国の見知らぬ人に「大好きです」なんて言われるのは不思議な体験だった。アメリカ、フランス、ペルー、フィンランド、サウジアラビア、中国……本当にさまざまな国から。英語で書かれたものもあったが、多くの場合、一生懸命綴られた日本語のメッセージだった。共通していたのは、みんな日本のアニメが好きで、それをきっかけに日本語を独学で勉強しているところ。文字通りのファン〝レター〟。メールではなく肉筆で、自動翻訳機能もない時代に、漢字にもトライした可愛らしい文字がとても素敵だった。

MANPUKURON 123

食べてきた?

18年6月

若い人にはピンと来ないかもしれないが、これは20年以上も前の話。今みたいにインターネットが身近にはなくて、パソコンはレアだったし、スマホもYouTubeもTwitterも存在しない。そのようなときに海外に住む人が日本のCDやビデオを手に入れるのは相当大変なことだった。あの手この手で情報を収集し、日本の最新番組をどうにか見ようと頑張って、字幕も吹き替えもないオリジナルの音声から内容を理解しようとして……なんという愛、エネルギーだろう！

とにかく、ついに実現できた海外公演。長年この日を待っていてくれたオーディエンスの熱は並々ならぬものだった。客席に渦巻く興奮がステージにいる私やバンドを刺激して、普段と違う特別なスイッチを入れられてしまったような。うまく言えないんだけれど、この海外2公演は私に何か大きな変化をもたらした気がする。もちろん良い意味での変化を。みんなに音楽を届けに行ったつもりが、もっと大きなお土産をいただいて帰ってきてしまった。

ところでMCは、大学時代に専攻していた中国語を今こそ活かすときか！と考えていたが、現地のスタッフによるとファンはかなり日本語を理解できるから、日本語で話して大丈夫とのこと。ちょっと拍子抜け。でもやっぱり、できれば挨拶ぐらいはローカルな言葉でしたい。私が学んでいた中国語ではなく、台湾では台湾語、香港では広東語での挨拶を、それぞれ本番前夜に現地のスタッフに教えてもらっていくつか覚えた。台湾で「みなさんこんにちは（ダーゲーホー）」のあとに「ご飯食べた？（ジャーバーヴェ？）」を続けて言うと、お客さんは「ジャバー！（食べたー！）」と返してくれた。ちなみに香港でも同じ意味で「こんにちは！（ダイガーホウ）」のあとに「食べてきた？（セィッジョウファンメイ？）」と語りかけたら想像以上に大ウケ。実際にご飯を食べたか確認するというより、日本で言う「いいお天気ですね」のようなあまり意味のない挨拶としてこう言ったりするんだって。どちらかというと年配の方が口にするみたいだから、外国人の私が言うと面白いかなと。それにしても食の話題が挨拶代わりだなんて、そんなのぜったい良い国じゃん！

満腹。

MANPUKURON 124

自転車の乗り方

18年7月

よく晴れた日曜の午後、公園で、子どもに自転車の乗り方を教えている母親の姿があった。補助輪が外れたばかりと思しき少女は、眉毛を八の字にして怒ったような顔をしている。親子の会話までは聞こえないが、身振り手振りから察するに「肩の力を抜いて」などとアドバイスをしているらしい。

ふいに想像した。私なら何と言って教えるんだろう。あたりまえに自転車に乗れてしまう今となっては、自分がどうやってバランスをとっているのか、よくわからない。自分のよく知っていることを人に教えるって、すごく難しいことなんだなあ。

こないだ「演じるってどういう感覚ですか？」と聞かれたときも言葉に詰まった。まったくの異業種で演じることとは縁遠い人だったから、それはちょうど、自転車に乗ったことのない人に乗り方を説明するようなもので。

そういえば私は一体いつ誰に、芝居の仕組みを教えてもらったんだろう。8歳から劇団に入ってこの仕事を始めたが、誰かに理屈を教わった記憶はない。他の劇団ではどうか知らないけど、うちの先生が言うことといえば「もっと声を出せ」とか「はっきり喋れ」ぐらいのもので。あとは実際に仕事をしながらいろんな大先輩たちの背中を見て、勝手に覚えたものだ。喩えるならば、自転車なんか触ったこともない子どもに、いきなり補助輪を外してハンドルを握らせ、大人と同じサイクリングコースに放り込むような感じ。ちょっと無茶にも思えるが、非常に手っ取り早いやり方で、私は好きだ。

私を歌手の道へ導いてくれた音楽家の菅野よう子さんも、補助輪を最初から外して走らせるようなスパルタ師匠だった。それだけじゃなく自ら手本となって先導して見せたり、いろんな景色の中に連れ出してくれたり。私の成長のためなら惜しまず教えようとしてくれた。

　思えば私を育ててくれた2人の恩師はどちらも良い先生だったな。あの頃彼女たちもこんなふうに感じていただろうか、知っていることを教えるのって難しいな、と。そんなもどかしさの中、よく根気強く、生意気な私の面倒見てくれたなあと、今さらながらありがたく思う。

　大事なことは現場でしか学びようがない。いくら文献をいっぱい読んでも、人からああしろこうしろと言われた通りに行動しても、それだけで習得できるわけじゃないっていうのはどんな仕事でも同じだと思う。自ら考え、体で覚えて、恥もかいて、本当に腑に落ちたことだけが蓄積され、いつか技となる。

　きっとあの少女はしばらくのあいだ、何度も転ぶだろうな。でもそのうち少しずつ感覚を掴んで、お母さんが手を離す時間が増えていって、いつの間にか自由に走り回れるようになる。もしかしたら今は、お母さんが「遠くを見て」「怖がらないで」と言うたびに「簡単に言わないで!」「そんなのわかってる!」なんて心の中で反発しているかも。でもすべてをクリアしたあと、助言の意味や価値がぜんぶ実感に変わっているはず。

　今がいちばんしんどいときだよ。ふてくされないで、がんばれ少女。満腹。

MANPUKURON 125

質疑応答

18年8月

小学生のとき、社会科見学で清掃工場に行った。都民のゴミが集められ、処理されるところ。工場の人が一通り仕組みを説明しながら案内してくれたあと、質疑応答コーナーがあった。先生が「何か質問がある人?」と生徒に問いかけるが、みんな恥ずかしがって手を挙げない。私もこういうときはひっそりしているタイプの子どもだった。でもこの日は、とっても知りたいことがあったので、勇気を出して手を挙げたのだ。先生も嬉しそうに「坂本!」と私を指名した。

「ものすごい高温でゴミを燃やしている炉の中の様子をビデオで見せてもらいましたが、あの映像を撮ったカメラはどうして燃えなかったんですか?」

私がそう聞くと、先生が呆れるように笑って「おいおい、今の本質はそこじゃないだろう」と言った。そのやりとりを見ていた工場の人は「カメラは燃えないように工夫されているので、心配しなくて大丈夫ですよ」と答えてくれた。

いまだにこの記憶がとても鮮明なのは、私が根に持っているからだろう。確かにばかみたいなことを言ったのかも。でも質問はないかと言われ、質問したらその質問は変だと言われた。こんな理不尽なことってあるかい。あの工場の人は優しかったけど「心配しなくて大丈夫」は私の質問に対する回答になっていない。別に心配しているわけじゃないし。恥をかいて、やっぱり黙っていればよかったと思った。

時は流れ、つい先日のこと。声優を目指す若い人たちと交流する機会があった。目をキラキラさせて積極的に質問してくる姿は、とても可愛らしく好感が持てた。でも内容は「どうやって音をたてないで台本をめくるんですか」とか「リップノイズが出ないようにするには？」とか。ノイズの回避は声優の特殊技術ではあるけど、役者として最も重要なポイントからはだいぶズレている。正直なことを言えば、もっと深い話ができれば嬉しかった。素人とはいえ専門学校で学んでいる学生さんなんだけどなあ。まさに「本質はそこじゃないぞ！」と言いたいような。だけど「そんな質問ダメだ」とは言わずできるだけ彼らの目線に合わせて、丁寧に回答した。小学生のときに自分が傷ついた経験がそうさせたのかも。若い子のやる気を削いだらかわいそうだし。

　でもどっちが良かったのかな。あの日「本質を捉えていない」とみんなの前で指摘され、確かに嫌な気持ちになったけど、少なくとも本質ってどういう意味かを生まれて初めて考える機会になったことは間違いない。今回私がしたことは、もしかして彼らが自分で大事なことに気づく機会を奪ったのではないか。目線を合わせたといえば優しいが、突っ込んだ話をしても今の彼らにはわからないだろうと、こっちが伝えることを諦めただけなのではないか。あとでひとり反省した。

　彼らがこれからさまざまな経験を通して成長し、私もこの仕事を続けながら成長し、もし将来スタジオで共演者として再会できたら、もう一度ゆっくり話がしたいな。だからその日が来るまでお互い、頑張ろう。満腹。

MANPUKURON 126

アイラブユー

18年9月

ニューシングル「逆光」のミュージックビデオは雨のシーンが多かった。雨は散水車で降らせたものだけど、完成した映像を見ると本物の雨にしか見えないし、その雫がライトに照らされて輝き、美しい。状況に合わせ、雨のシーンだけは私の髪も少しウェットな質感に仕上げられている。でも本当に水で濡らすんじゃなくて、ヘアメイクさんが技を駆使して、セットを崩さずにツヤを出すみたいな繊細なことをやってくれているわけ。

モニターで映像をチェックしていたスタイリストさんが「ヘアの質感、いい感じ！」と感心したように言った。横にいたヘアメイクさんは「本当!? そう言われると安心する！ だって誰もいちいち褒めてなんてくれないもん」と少し口を尖らせて言った。私からすると、そのヘアメイクさんはベテランだしいつも丁寧で、信頼できる存在。何年も一緒に仕事してきて、今さら褒めるも何もないって思っていたのだけど。

彼女だけじゃない。この場にいる人みんなを、私は心の底から尊敬している。たとえばスタイリストさん、監督のイメージ通りの洋服を、しかも私に似合うものを見つけてきて、雨に濡れても大丈夫な素材で、撮影中も常に目を光らせ裾やら襟やらケアし続けて。つくづく感謝だが「さすがですね」と撮影中に伝えたりしない。

雨の降らせ方、照明の光の角度、カメラマンの集中力、監督のセンス、プロデューサーの采配、ADの下準備、ロケバスのドライバーの運転、マネージャーのサポートなどなど、すべての人のすべての仕事を超リスペクト。誰が欠けてもこの作品は完成しなかった。「ありがとう」とはいつも言っているつもりだけど、「監督天才！」「ナイス雨！」などと具体的に褒めてなかった。考えてみれば、なんでなんだろう。

アフレコでも、収録中に役者同士がお互いの芝居を褒め合うなんてことはない。この人の芝居好きだなあと本気で思う相手ほど、なかなか本人には言えないものだ。音響監督さんからも「ダメ出し」があるだけで、もっとこうしてくださいとは言われても、ここが良かったとか、キャラにぴったりですねなんて絶対言ってもらえない。だからいつだって不安。

これって日本人の特徴だろうか？　そういえばイギリス人の演出家のもとで舞台に出演したとき、彼はどんな場合でも必ずひとこと目はまず褒め言葉だった。「グッド」「ビューティフル」「グレイト」とか言ってから「次こんなふうにやってみて」という言い方でダメ出しに入る。どんなに自信がないときでも、そう言われるとなんとなく、気持ちが前向きになるものだ。そしてそれが良いパフォーマンスにつながっていく。

マイケル・ジャクソンのドキュメンタリー映画「THIS IS IT」でもマイケルがスタッフに注文をつけたあとで「アイラブユー」と付け加える場面が印象的だった。みんなのパフォーマンス向上のために私も見習って、これからはひとこと目に褒めて、最後はアイラブユーで締めよう。満腹論読者って神だね、毎月読んでね、アイラブユー。満腹。

MANPUKURON 127

L'ambition
〜大志を抱け

18年10月

浪川大輔という男がいる。声優であり、経営者でもあり、いろいろ肩書きはあるけど、私にとってはただの幼馴染みである。出会って30年。お互いの成長や葛藤を、付かず離れず見守ってきた。

「こまどり」は、偉大な先輩を数多く輩出した老舗児童劇団だったが、私たちが在籍していた頃には規模を縮小し、たったひとりの年配の女性が切り盛りする少人数制の小さな事務所になっていた。彼女が母で、子供達は兄弟姉妹といった感覚で、まるで大家族のような集団。

もちろん血は繋がっていないけど、今でも私にとって大ちゃんは、血を分けた兄と同じような存在だ。そんなにこまめに連絡を取り合ったりしない。でも大事なことは相談したい。恋愛関係の役柄を演じる機会があると「気持ち悪いな」と思う。だけど人生のいかなる場面でも私は彼の味方だと思う。彼が評価されると自分も褒められたような気になる。結婚するときは真っ先に報告して、本来は必要ないはずだけどなんとなく「許し」をもらう感覚だった。もし私の葬式を親族のみで行うことになっても、彼には参列してほしいかなと思う。

彼のすごいところは、彼の出ていない作品の収録現場でもなんとなく名前が話題にのぼって、ひとしきり盛り上がれるところ。たいてい、漢字が読めなかったとか、そういう話なんだけど。先輩からも後輩からもスタッフからも好かれる愛されキャラで、どこへ行っても人気者。みんな口を揃えて「あいつほんとバカだな」と言うが、そこには愛がこもっている。

でもときどき、大ちゃんのことそんなによく知らない人が軽々しく「バカだねー」と言ったりすると「お前が言うなよ」と注意したくなる。子供の頃からやんちゃだったり、天才と言われたり、反抗期もあったり、いろんな失敗もしながら大人になった。子役って、なんとなくトントン拍子に軌道に乗って生きてきたように思われることも多いけど、長年ひとつのことを続けるっていうのは生半可なことじゃない。いいときも悪いときもあって、壁にぶつかって、それをよじ登ったりなぎ倒したり散々やって今がある。あの人は滅多なことでは弱音を吐かない。仲間の中ではいちばん情に厚く、責任感があって兄らしい男。いざとなれば自分がバカを演じてまで、みんなを守ってくれるような男だ。軽いバカじゃない、重いバカなんだぞ。

そんな大ちゃんから「作詞してよ」と頼まれた。私が思う、浪川大輔らしい姿を歌にしてほしいと。だから思う存分自由に書いた。タイトルの「L'ambition」はフランス語で大志という意味で、児童劇団の恩師が好きな言葉であり、こまどり公式ファンクラブの名称でもあった。先生と、当時から私たちを応援してくれたファンの方に聴いてもらえたらいいな。そして何より、浪川大輔の今後の人生で、ふたたび大きな壁が立ちはだかるときが来たら、この曲が少しでも彼を奮い立たせるようなものになってくれたら嬉しい。大ちゃんよ、大志を抱け。

満腹。

MANPUKURON 128

微笑みの気持ち

18年11月

この気持ちを言葉にするのは難しい。でも今日は書いてみようと思う。

　お世話になった、大好きな先輩方の訃報を聞くたび、胸に去来する気持ち。初めて会ったのはいつだっけ。最後に会ったのはいつだっけ。どんな作品でご一緒したか、どんな話をしたか。いくつもの場面が頭をよぎる。

　そのあとは、不思議なくらいに実感がわかないまま時がすぎていく。いつまでも信じられないのだ。ただほんの少しタイミングが合わなくて、会えずにいるだけのような。それに作品を見ればいつだって変わらない声を聞くことができるのだから。

　しばらくあとになって、不意に寂しさが襲ってくる。チクッとする、痛いような感じ。もう本当に会えないんだ、と。普段どれだけ尊敬していても、感謝していても、日常の仕事の場でなかなかそんなこと、伝える機会がない。私がどれほど慕っていたか、あちらは気づいていなかったかもしれないなあと思う。

　一方ではとても冷静に、いつかは必ず訪れる、避けられない別れだったはずだとも考える。誰だって生まれてきた瞬間から、いつかその命を終えることが決まっているし、それが一体いつなのかは誰にもわからない。生の延長線上にある絶対的なものなのに、悔やんだり嘆いたりしているばかりでいいのか。もっと何か、違う受け止め方があるのではないかと、思ったりもする。

　先に天国へ向かった先輩に、何と声をかけて見送ろうか、いつも言葉がうまく見つけられない。赤の他人である私は、勝手に寂しいし残念にも思っていて、もっと話がしたかったとか、もっと見ていたかったなんて、言いたくなるけれど。でもその人が生きぬいてきた輝かしい時間を思うと、そんなことばかり言うの、ちょっと違う気がする。素晴らしいお仕事を世に残して、かっこいいなあ、立派だなあと思う。私の中にあるその人との思い出を、大切にしたいと思う。

そう、いろんな気持ちが行き交ったあとで一番最後に残るのは感謝であり、「大切にしたい」って気持ちだ。それはなんとなくそぐわない、変な言い方になるけど、自然と微笑みたくなるような気持ちだったりする。尊敬する人の仕事に向き合う様を、すぐ間近で見ることができたなんてとても得難いことだった。たとえばピラミッドを見て、現代の私たちはその価値や偉大さに感激することはできても、作っている過程の苦労は想像することしかできない。もしかしたら当時その場に居合わせた人たちは、完成したものを眺める以上の感動を味わっていたんじゃないだろうか。素晴らしい先輩と同じ空間で仕事ができた時間はそれに似ていて、同じ時代に生きた人にしか見届けられない〝過程〟の魅力も知ることができる、貴重な体験だったのだ。文献や写真にもおさめられていない、記憶の中の姿。彼らの背中を見て学んだ多くのことを、これから私は自分の人生で何度思い出し、糧にしていくことだろう。

ありがたくて、だから微笑みたくなるような気持ち。大切にしたいな、心から。満腹。

MANPUKURON 129

新しいこと

18年12月

平成が終わっていくなあ。「平成最後の」というフレーズがあちこちから聞こえる。やっぱりなんとなく、ソワソワ。次の年号は何になるんだろう。その漢字にどんな願いが込められるんだろう。

昭和から平成に変わった日のことはよく覚えてる。当時私は8歳。発表された瞬間母が「なかなかいいね」と明るい声で言った。私は、なんか「へーせー」って間の抜けた響きだなあ、昭和のほうがかっこいいから昭和に生まれてよかったぜ、と思った。今度もきっと最初は違和感があるだろう。新しい年号をすごく良いって言う人がいたり、最悪って言う人がいたり、いろんな感想が飛び交うだろう。でも文句を言ったところで、決まったら受け入れるしかない。平成になった当初文句を言ってた人たちも、すっかり慣れてしまって今頃は「平成最後の冬!」なんて感慨に浸っているかも。

築地市場も移転。いろいろあったけどとにかく豊洲市場がスタートした。新築の豊洲では風情が感じられないような気もする。でもこれから時間をかけて育てて、ここを愛する人が増えていくんだろう。

慣れ親しんだものが様子を変えてしまうのは、確かに受け入れがたいものだ。アニメでも声優が変わったりすると慣れてもらうまでには時間がかかる。私自身も何度かそういう経験をしてきた。新しいことに挑戦するとき、さまざまな意見があることははじめからわかっていて飛び込むわけだから、作り手も覚悟している。でも作品を見ないまま拒絶されてしまったら、残念だな。

これだけは確かだ。作品を作る側にいる人たちの中に「失敗すればいい」「めちゃくちゃにしてやれ」と思って関わっている人なんて、ひとりもいないってこと。一つの作品には何百人もの人が携わっていて、その全員がいい作品にしたくて必死に取り組んでる。何をあたりまえのこと言ってるんだと思うだろうか？　でも、私はこんなあたりまえのこと、人に言われるまで気づかなかった。

　元来ネガティブシンキンガーの私は、若いときどんなにいい役をもらっても喜ぶより先にプレッシャーで潰れそうになっていた。オーディションで勝ち取った役でも「どうして私が選ばれたんだろう」と自信が持てず、いつもオドオド。スタジオでも舞台の稽古場でも、演出家や共演者の目が気になって緊張して

ばかり。そんなときある人が「ここにいる人はみんな作品の成功を願ってる。その人たちが、この役をやるのに一番いいと思う人を真剣に考えてあなたを選んだはずだ。だれもあなたの失敗を望んでないし、手助けしたいと思っているんだよ」と助言してくれた。そのときから何かが変わった。今でもいろんなプレッシャーを感じるときはこの言葉を思い出す。私にできることは、私を信じてくれた人を、私も信じること。

　次の年号が何になっても、それを考えた人たちはきっと日本の新しい時代が素晴らしいものになるように、持てる力を出し切って必死に考えてくれたに違いない。みんなで受け止めて、育てていかなきゃ。楽しみだね。満腹。

MANPUKURON 130

9年ぶりのひとり旅

19年1月

ザグレブ国際空港から街の中心までは、バスで30分だという。ついさっき両替所で手にしたばかりの「Kn（クーナ）」という初めて見る紙幣で、運転手さんに料金を支払った。車内のラジオから、聞き慣れない言語の歌が聞こえている。

とうとう来たんだなあ。日本からクロアチアへの直行便はなく、イスタンブールでの乗り継ぎを挟み、成田からここまで約18時間。出国の直前まで仕事をしていたし、ものすごく疲れているはずなんだけど、久しぶりのひとり旅に緊張しているのか全然眠くない。なんたって9年ぶりだもの。前回のひとり旅は29歳のときだった。ヨーロッパの国々を鉄道で移動しながら40日間。あれに比べたら今回はたったの3泊5日だし、たいした冒険じゃないんだけど。

9年前あんなに長くひとりきりで旅したことを、今さらながら自分でも驚く。仕事を休んで、たどたどしい英語で、初めての国ばかり、スマホも持っていない時代に。でもあれは勇気じゃなかった。何か思い切ったことをしなくては二度と動けなくなってしまいそうなくらい煮詰まっていて、半分自暴自棄に近かったんだ。旅の甲斐あってそのエアポケットみたいな時期を抜け出し、私は力強く30代を迎えて、今日まで突っ走ってくることができた。あれは確実に人生の転換期だった。その後も家族旅行や仕事では海外へ行く機会があったけど、そしてそれはとても楽しい思い出だけど、またひとりぼっちで知らない世界に放り出されてみたいという願望は常にあった。ひとりになる時間を持つことは、私にとって大事なことみたいだ。

　観光やリフレッシュのためなら、きっと同行者がいたほうがいい。美味しいものも綺麗な景色も、誰かと感想を言い合って、写真を撮り合って。いつまでも記憶をシェアできる。せっかくの貴重な休暇を余すことなく満喫することができるだろう。心からそう思うのにわざわざひとりで行きたいのはどういうわけだろう。ひとりだと心細い場面もあるし、食事をするときなんかは特に侘しい。一から十まで自分でこなして、ずっと気を張って、休暇だなんて思えないくらい疲れる。言葉や文化や宗教の違いを目の当たりにして自分の日常を改めて見つめ直し、未熟さも思い知る。ある意味、修行みたいな時間だ。だけど孤独や緊張感の中だからこそ、普段は使ってない脳の回路がどんどん繋がっていくような、視界が広がるような実感があって。だからひとり旅はやみつきになる。

　このバスの終点まで行ったら、トラムに乗り換えて、それから歩いてホテルへ。頭の中でシミュレーションしながら雨上がりの灰色の街を眺めていた。朝の9時。首都とは思えないほど人通りが少なく、素朴な街。ここに何しにきたのかと言われても、私もよく知らない。さあ、ここに何があるのかな。
　30代もそろそろ終わりに近づいて、ギアを入れ直すようなタイミングだったのかもしれない。この続きは、また来月号で。満腹。

MANPUKURON 131

9年ぶりのひとり旅 その2

19年2月

「クロアチアに行ってきた」と話しても、私の友人のほとんどは、どのへんにあるどんな国なのかすぐにイメージが湧かないらしい。それどころか「で、スロバキアって何語？」「ウクライナの名物って？」「ブルガリアの治安は」と他の国名とすぐ間違える。やっぱり馴染みのない国なのかなあ。

　私が初めてクロアチアに興味を持ったのは15年ほど前。当時夢中になっていた総合格闘技イベントPRIDEのスター選手、ミルコ・クロコップの母国としてだった。常に冷静で、完璧な筋肉美、武器であるハイキックで次々と強敵を倒す姿はまさにターミネーターそのもの。本気でサイボーグなんじゃないかと疑ったものだ。実は私の推しの選手は他にいたので「まったく憎らしいほど強いぜ！」と歯噛みしつつ、卑怯なことはしない品のある戦い方に好感を持っていた。

　あるときミルコがテレビのインタビューで自身のバックボーンについて語っているのを見た。幼い頃から多くの友を祖国の紛争によって亡くしたこと。だからみんなを守れる強い男になりたいと、ほぼ独学でトレーニングを始めたこと。クールな眼差しの中にどこか憂いがにじんでいた理由がわかった気がした。映像で初めて見るクロアチアの首都ザグレブは、美しいけれど少し寂しくて。私とミルコはほとんど同世代。生まれた場所が違うだけで、見て育った景色がこんなにも違う。私にとって戦争はテレビや本の中でしか見たことがないもの。でも彼にとっては今も生々しく目に焼き付いているもの。ふるさとを傷つけられ、友を奪われ、怯えながら、怒りながら、強くなるしかないと毎日毎日自分を追い込み続けた少年時代のミルコを想像した。全然サイボーグじゃない、むしろその逆だったんだ。彼の試合にはいつも、客席で赤と白の国旗を掲げて熱狂的に応援するクロアチア人のファンが来ているけど、きっと母国でももっと大勢が声援を送り、ミルコの姿に勇気付けられていることだろう。ミルコ少年が手に入れた強い力が誰かを痛めつけるためではなく、スポーツに注がれて本当によかった。などと勝手に感情移入するようになった。そんなわけで、以来私がクロアチアという国を思い出すときは同時に、実際に見たことがないはずのミルコ少年の険しい表情が思い浮かんでしまって、ずっと暗いイメージのままだったのだ。

時は過ぎ、今から5年ほど前。美容室でたまたま手に取った雑誌でクロアチア特集を読んで驚いた。私の想像とはまったく正反対の、明るくておしゃれで、映画に出てきそうな可愛らしい街並みの写真がいっぱい。最近観光地としての人気が急上昇中であると書かれている。クロアチアのこと本当は何も知らないのに、ひとつの面だけを見て、ちょっと怖くて暗いというラベルを貼ったきり時を止めちゃっていたんだなあ。実際にいつかこの目で見て、触れてみたい。紛争を乗り越えて今、どんな景色があるのだろう。

で、去年の秋。ついに本当に行ってきた。次号へ続く。満腹。

MANPUKURON 132

9年ぶりのひとり旅 その3

19年3月

そんなわけで目的地はクロアチアの首都ザグレブに決めたわけだけど、ミルコ・クロコップの街という以外何の予備知識もないまま、なんとなく来てしまった。

空港に着いたのが朝8時すぎ。長いフライトのあとで脚はパンパンに浮腫んでいるけど、短い休暇をフル活用しなくてはと、ホテルに荷物を置いてすぐ街へ繰り出した。この日はまる1日かけてザグレブの散策に費やすつもりだったけど、一通り名所らしきところを巡り終えてから時計を見ると、まだ午後の2時だった。

その間に訪れた場所は以下の通り。

「ザグレブの胃袋」とも呼ばれるドラツ青果市場でバナナとオレンジを購入し、街のシンボルのひとつである大聖堂を見学、世界一短いケーブルカー〝ウスピニャチャ〟に乗って、高台の聖マルコ教会の前で慣れない自撮りなどしてみたがうまく撮れず削除、そのあと坂を下って〝石の門〟を通過して、イェラチッチ広場へ。抜けるような青空のもと、公園をのんびり散歩して気づけばザグレブ中央駅前のトミスラフ広場まで来ていた。なんの下調べもなく、ホテルでもらった観光客向けの地図をヒントに歩き回って、あっという間にこの街の主な見どころはすでに網羅したようだった。で、まだ2時。とりあえず広場のベンチに腰掛けて、さっき買ったバナナをおやつにいただく。

めちゃくちゃにいい天気だ。気温は低いが、太陽が眩しすぎて日焼けしそう。15年前、私がテレビで目にしたザグレブの街はまだ紛争の気配が濃く残り、暗く寂しいところに思えたけど、今目の前に広がるのは晴れ渡る空と緑色の芝生。幸せそうに身を寄せ合うカップル、コーヒーを片手に急ぐビジネスマン。ふつうの、穏やかな平日だ。抱いていたイメージと異なっているが、それが嬉しい。

私は自分と同年代のミルコが幼い頃から命の危険と隣り合わせの環境で育ち、どんな思いで強くなりたいと願ったかを知ったあのとき、想像したのだった。生まれたとき、たまたまその場所に争いが起きていた。そのせいで多くの悲しみや恐怖を体験しなければならなかった。でもそのせいで、彼は努力し、強くなり、世界で活躍するスターとなったことも事実だ。選ぶことができない運命の中でも、自分の納得できる選択肢をできるだけ選び続けてきたのだろう。私は選びとっていけるだろうか、運命のせいにしないで、自分の納得できる道を。

オーガニックをアピールしたいかにもおしゃれっぽいカフェから、女の子たちが楽しそうに飛び出してきた。あの子たちはもう紛争のことなど知らない世代かもしれないな。笑った顔が降り注ぐ日差しに溶けて、なんとも美しい。

明日もザグレブに宿をとっている。もう1日この街でのんびり過ごしてもいいけど、せっかくなので、長距離列車で日帰りでも行けるというお隣の国スロヴェニアへ足を伸ばしてみるか。ザグレブ中央駅でそのための切符を買ったら、あてもなく歩きながら、明日のことを考えよう。満腹。

MANPUKURON 133

9年ぶりのひとり旅 その4

19年4月

午前6時30分。窓の外はまだ真っ暗。ここはザグレブで最も賑やかなエリアのホテルなのに、驚くほど静か。耳を澄ましても人や車の気配を感じられない。中央駅までは歩く予定だったけど、やっぱりトラムを使ったほうがいいかも。緊張しながら外へ出て通りを歩き始めたら、向こうのイェラチッチ広場にはそれなりにたくさんの人影が見えてホッとした。スーツ姿の人たちが寒そうにトラムを待っている。出勤の時間なのだろう。こんなに暗いけど、やっぱり朝なんだな。

広場の一角に、煌々と明るい店がひとつ。近づくにつれ美味しそうな匂いもしてきた。パン屋さんだ。不安な気持ちを包み込んでくれるような、優しい光と香り。引き寄せられるままそこへ向かっていた。

クロアチア人はとにかくパンが大好き。街中ベーカリーだらけ。旅に出る前にクロアチア名物をネットで調べたら、パンの話題が多かった。パンには特別興味ないな〜と思っていたけど、せっかくだから一度くらい買ってみよう。

ショーケースに並んだ焼きたてのパンたち。種類がたくさんあるみたいだけど、見た目はどれも似ている。中に何か入っているのか、甘いのか、しょっぱいのか……クロアチア語で書かれたプレートは読めないし。地元の人は毎朝の習慣といった様子で、迷うことなくパンを選び素早く買って去っていく。途切れない客。まさに飛ぶように売れる。私もそのリズムに乗らねばと気が焦って、パッと目に入った生ハムのサンドイッチを指差して注文した。お金を払うと、店員さんが私に何か言ってきた。とっさに聞き返したが、どうやら英語ではない。クロアチアの公用語はクロアチア語だけどこのような観光地ではみんな英語で接客してくれるので、私も昨日到着してから英語しか使っていない。オタオタしていると、少し迷惑そうな顔をしておざなりにお釣りを渡された。

生ハムサンド片手にトラムに揺られながら、さっき何を言われたのかずっと考えた。もしかして英語だったのかな、訛りが強かっただけで。別れ際の迷惑そうな表情が忘れられず、なんだか落ち込む。

午前7時。ザグレブ中央駅はこの国最大の鉄道駅というが、本当かしら。こんなに小さいのに。利用客もまばらで、静けさの中に自分の靴音が大きく響く。私は隣の国スロヴェニアへ向かう長距離列車に乗り込むと、

生ハムサンドにかぶりついた。何これ、うまっ！　どこにでもありそうな、こんな地味な容姿のパンが、感動的に美味しい。不思議。

9年前もこんなふうに鉄道で国境を越えたなあ。ほんの数時間移動しただけで、言語や食べ物が変わって、島国で暮らす私にはとても面白かった。そのたび新しい言語で挨拶を覚えたのも楽しかったなあ。そういえば、今回まだクロアチア語をひとつも覚えていないじゃないか。すごく大事なことなのに忘れていたなんて。

定刻通り電車は出発。目的地スロヴェニアの首都リュブリャナまでは、2時間20分。窓の外は相変わらず、不安になるくらい真っ暗だ。つづく。

MANPUKURON 134

箸休め

19年5月

クロアチアひとり旅の話を、ここ数回連載形式でお送りしてきました。前号がその4回目で、首都ザグレブから列車でスロヴェニアという国に向かおうとするあたりまで書いたんですが、これって一体、全何回で完結するんでしょうね。正直、もうちょっとコンパクトにまとめるつもりだったんですけどまだ続きそうなので、ここらで箸休めでもしましょうか。だって旅の話に夢中になっているあいだに年越しも誕生日も過ぎていて。その上、平成最後の満腹論までスルーしたら、ちょっともったいない気がするじゃないですか。

これが平成最後の満腹論。最近どのメディアも平成を振り返る企画が目白押しです。どんな流行や変化があったか……懐かしく見てしまいます。若い方たちにしてみればたいして感慨深くないのかな。私は平成元年に8歳で児童劇団に入団。平成まるごと、声優の仕事とともに歩んできました。若者には刺さらないかもしれませんが、少し懐かしんでもいいでしょうか。

私が思う声優界における平成の大革命は、吹き替えのアフレコで使う片耳用ヘッドホン。これが有線からコードレスに進化したこと！　何だそれ、と思われるでしょうか。コードに繋がったまま複数のマイクを左右に移動するには職人技が必要でした。音を立てないよう、先輩方に迷惑がかからないようにと、本当大変で。この前若い子にその話をしたら「ははは、無理」って言われました。

スタジオが禁煙になったことも大きな変化。30年前、みんな収録中も自分の出番の直前まで吸っていて、そーっと灰皿に置いてマイク前に立ち、セリフが終わると席に戻って続きを吸う。もっとすごい人は、器用にタバコを持ったまま芝居したり。窓もない密室で煙が目にしみます。当時小学生の私が同じ空間にいたってお構いなしでしたね。休憩になると若手が入り口のドアをバタバタ動かして、充満した煙を外に逃がす光景も風物詩でした。

　子供の頃、同級生に将来声優になりたいと言う人はいませんでした。それが30年後の今、なりたい職業ランキング上位。さあ、30年後はどうなるでしょう。

　演じることは人間にしかできないと思ってきました。未熟さに泣く日があっても、人間らしいこの仕事が好きです。映像の分野では故人の俳優がＣＧで新作映画に復活する時代。人間にしかできないこと、じゃなくなっていくのかな。新しい時代、テクノロジーの発展と共存しながら、声優という職業は必要とされ続けるのでしょうか。膨大な音声バンクの中から声を選んでデータを編集する作業になっちゃう日が来ないとも限らないですけど。未来ではＡＩと人間が役を取り合うことになったりしてね。

　私が死んだらこれまで演じたキャラクターは誰かに引き継いでもらいたい。復元された音声データとして何度も生き返るのは嫌だな。私が思うこの仕事の魅力は、自分の不完全さを面白がったり、限りある命をどう生きるかを作品を通してみんなと一緒に考えられることだから。

満腹。

ベツバラ　これを書いたとき以上に、今ではさらにAIの性能はアップしており、まさに危惧していたような未来が近づいてきました。

MANPUKURON 135

9年ぶりのひとり旅 その5

19年6月

クロアチアのザグレブ中央駅を出発して30分ほど走ったところだろうか。列車はDOVOBAという駅に停車した。と、いきなり大きな音をたてて車両のドアが開き、制服姿の男女がズカズカと入ってきたのだ。一体何事かと身構えたが、そうか、これがパスポートコントロールらしい。

　前回の旅でも列車で国境を越えた。でもヨーロッパのシェンゲン圏内だったからいちいち入国審査がなかったのだ。便利だけど、せっかく複数の国々を旅するのにその証となるスタンプがパスポートに増えていかないのは少し残念だった。だって私が外国の旅に憧れるようになったきっかけは、仕事で世界中飛び回っていた父のパスポートに色々な形のカラフルなスタンプがたくさん押されているのを見たことだったのだから。

　係員が近づいてくる。口髭を生やした年配の男性。ドキドキしながらチケットとパスポートを差し出す。目的地を聞かれ、緊張のためか我ながら予想外に大きな声で「リュブリャナ」と答えると、パッとこちらを見て微笑み、ポンとスタンプを押して去っていった。昨晩から一生懸命練習したはずのクロアチア語が出てこず、とっさに「サンキュー」と言ってしまう。クロアチア語はこれまで出会ったどの言語よりも覚えにくく苦戦ぎみ。だけど、あれ？　ここではクロアチア語でいいのか？　それとももう、スロヴェニア語にすべき？

　押されたスタンプを見る。やはり見慣れた、シェンゲン協定国の統一されたデザイン。でもよく見ると汽車のマークが。今まで飛行機の絵柄しか見たことがなかったけど、あれは空路で入国したという印だったのか。些細なことでも「初めて」は嬉しい。

　再び列車は北へと向かう。雲が晴れ、空がどんどん鮮やかな青色へと変わってきた。スロヴェニア共和国は旧ユーゴスラビアの国の一つで、現在はＥＵの一員。通貨はユーロ。面積は四国と同じくらい。国土の60％が森林という豊富な自然が魅力の国でもある。しかし〝日本人が一生かけても行かない確率98％〟なんて表現されるほど、我々には馴染みの薄い国でもある。私は今、残りの2％のほうの日本人になったわけか。

　ザグレブから2時間20分でリュブリャナ駅到着。旧市街は石畳に橋にお城、まるで絵本の挿絵のように可愛らしい街並みで、歩いているだけで胸躍る。特に何をするでもないが、ふらりと路面店に入って雑貨を見たり、アドリア海沿いで伝統製法で作られているという天日塩の専門店に入ってみたり。あとは、丘の上のリュブリャナ城のてっぺんから街を見下ろしてみたり。

　旅の2日目も相変わらず、ほぼ何もしていない。私には最高のご褒美。
　隣接した国々の影響を受け食文化も豊かと聞いていたが、私がランチに選んだクメチュカ・ポイェディナはハズレだったかも。祭日に食べる郷土料理らしいが、肉と肉と肉の盛り合わせ。夕ご飯も要らないほど超満腹にはなったけれど。
　夕方の列車でふたたびザグレブへ戻る。最終日の明日は飛行機でクロアチア最南端の街ドゥブロブニクを目指す。

MANPUKURON 136

9年ぶりのひとり旅 その6

19年7月

早朝、ホテルをチェックアウトしてザグレブ空港へ。タクシーに乗り込むとき覚えたてのクロアチア語で「ドブロユートロ（おはよう）」と挨拶すると、運転手さんは興奮気味に「おお！ クロアチア語勉強したの？ すごいね、他に何を覚えた？」とグイグイ話しかけてきた。

「フヴァラ（ありがとう）、ドーバルダン（こんにちは）、ドヴィジェーニャ（さようなら）」

「素晴らしい！ 発音がいいね。とてもナチュラルに聞こえるよ」

「おいしいものを食べたときは何て言えばいいですか？」

「それは簡単。ブラーボ！ でいいんだよ」

2日前この国に来てからクロアチア人の印象は、別に超悪くもないが特にフレンドリーという感じでもなく、ちょっと固い印象で。でも英語ではなくクロアチア語で挨拶をするようにしてからは、こんな感じで明らかに対応が変わって、どこでもみんな自然と気さくな笑顔を見せてくれる。

ザグレブからクロアチア南端部にあるドゥブロブニクまで飛行機で約1時間。かなり激しく揺れた飛行機、思わず色々と覚悟したけど、なんとか着陸した。ザグレブではダウンを着るくらい寒かったのに、こちらは半袖でも暑い！

旧市街へ向かうタクシーの道中もクロアチア語挨拶作戦のおかげで運転手さんと会話が弾んだ。「飛行機揺れた？ この時期は風が強くて、しょっちゅう欠航になるんだよ。途中で別の都市に降りちゃうこともよくある。無事着いてラッキーだったね」とのこと。それは知らなかった……。

そして車が山道の下りに差し掛かったとき

だった。

「次のカーブを曲がったら、君がなんて言うか僕はわかってるよ」

「何て言うんですか?」

「〃キレー〃!! 日本人は必ずここで〃キレー〃!って何十回も言うから」

その話をかき消すように「うわあ綺麗!!」と叫ぶ私。お兄さんが笑うので他の言葉を探すが、悔しいくらい「綺麗」しか出てこない。紺碧のアドリア海に浮かぶ中世の街並み。オレンジ色の屋根が連なり、絵画のよう。

こんな美しい場所がこの星にはあるなんて。

ああ、旅をしてよかった。この景色も、ここにある暮らしも、歴史も、私の興奮も、遠くまで来なければ全然知らないままだったもの。知

らなくても生きていけるけど、知ればもっとこの世界を愛したくなってしまうような、とても尊いもの。
写真や映像だけでは得られない、この肌で感じてこそストックできる感動がある。幸福感が一気にこみ上げてきて、歓びに満たされながらも、口ではやはり「綺麗」と繰り返すことしかできない。この運転手さんは綺麗という日本語をただ美しいという意味の単語と捉えているかもしれないけど、今私が言いたいのはそれだけじゃない。でも残念ながらこの気持ちを的確に表現できる単語は、英語だろうが日本語だろうがクロアチア語だろうが、きっとないのです、そのくらいとても特別で、これ以上ないくらいシンプルな気持ちなんです、と言いたかった。

MANPUKURON 137

9年ぶりのひとり旅 その7

19年8月

数ヶ月に亘りお送りしてきた私のクロアチアひとり旅の報告日誌も遂に今号でおしまい。お待たせしましたクライマックスです！　もっとも感動的で、もっとも得難い体験だった、旅の最終日の極上の贅沢についてようやくお伝えできると思うと嬉しくて……喜び勇んで書き始めたのに筆がなかなか進みません。本当に心が動いたとき、それを言葉に変換することの難しさを思い知ります。

極上の贅沢と聞いて、あなたはどんなことを思い浮かべたでしょうか。洗練されたホテル？　アドリア海クルーズ？　いいえ、ただ「朝」なのです。早朝の高台で、朝日が昇るのを見ました。ほらね、言葉にすると途端につまらないものになってしまう。確かに私が目にした光景は平凡なものです、それでいて奇跡そのものだったのです。

ドゥブロブニクは昔から「アドリア海の真珠」「地上の楽園」などと呼ばれ世界中の人を虜にしてきました。映画「紅の豚」や「魔女の宅急便」に出てくる街は、ここがモデルになっているという説も。コバルトブルーの海。オレンジ色のレンガ屋根。しかしここで一番壮観なのは街全体を取り囲む全長2キロの城壁です。城壁の上は遊歩道になっていて街を見下ろしながら空中散歩ができ、毎日観光客が大勢訪れます。ホテルの親切なオーナーが「行くなら絶対朝一番に！」と強くすすめてくれたので、出国前に早起きして、本当にこの日の一番最初の客として門をくぐりました。急な石段を上り終えると、ちょうど今昇り始めたばかりの太陽が街を一気に明るく照らしたところでした。城壁の上に、私の他には誰もいません。生まれたての光の中を、鳥が何羽か横切って行きました。そのとき、何故あんなにも心が震えたのでしょうか。胸の奥がスッと静かになって、そこへ鈴のような清らかな音がひとつ、私にだけ聞こえるような小さな音で響いたような、そんな体験でした。

遠い異国の地でひとりきり、ただ私のためだけに朝日が昇ってきてくれたように思えたからでしょうか。あるいは、私などいてもいなくても気にしないこの太陽の、淡々とした威厳のようなものに安心感を覚えたのかもしれません。明日も明後日も、何億年前と同じように淡々と、私たちを見守ってくれる。良いときも、悪いときも、ただ何も言わず粛々と。この美しい土地は過去に紛争や災害など、辛い経験もしました。きっとそのときも同じ太陽がこの城壁を照らし、ここに暮らす人々に希望を与えたのではないでしょうか。

潮の香り、風の音。何もかもが、自分自身でさえも、古の物語の一部のように思えてきます。ゆっくりと1時間以上かけて城壁を歩いて街を1周しました。さようならクロアチア。午後の飛行機でイスタンブールを経由して日本へ戻ります。日本で毎日私が見る太陽も、あの威厳ある美しい太陽と同一です。あたりまえですが。友人が教えてくれた言葉を思い出しました。「あたりまえ、そう思ったらそれは感謝すること」。

私の9年ぶりのひとり旅は、こうして終わりましたとさ。満腹。

書き下ろしエッセイ

オクトパスバーガー

クロアチア旅行の思い出を全7回にも亘り、つまり半年分の連載を費やしてまで書いたにもかかわらず、食について触れた部分があまりに少ないということに今更ながら驚く。満腹論なのに、何やっとんねん。まあ、一人旅というのは観光や食事よりも自分自身の内面との対話みたいなものがメインイベントになりがちなので、仕方がない。それにひとりだと毎食きちんとしたレストランに行くというのも気疲れするので、テイクアウトしたものを部屋で食べるなど簡単に済ませることがどうしても多くなる。

でもだからといって、なぜあんなに美味しかった感動の食べ物のことを書き記しておかなかったんだ！と後悔している超美味しかった思い出の味についてこの機会に追記しておこうと思う。

それはあの城壁の街、ドゥブロブニク旧市街にあるBarba（バルバ）というお店のオクトパスバーガーだ。つまり、タコバーガー。できるなら死ぬ前にもう一度食べたいなあと、数年経った今でもたびたび思い出して懐かしんでしまう印象的な味。ハンバーガーはこれまでいろんな国で食べてきたし、日本国内でも美味しいと評判の店があれば足を運んでみたりする私だけど、人生最高ハンバーガーはどれかと聞かれたら迷わずこのオクトパスバーガーを挙げるだろう。

オクトパスバーガーひとつください！と張り切って注文してみたものの「で、それっていったいどういう食べ物？」と頭の中ははてなマークだらけだった。注文してから作ってくれるのでけっこう待たされる。そのあいだ店内の椅子に座って、タコがどういう状態でバンズに挟まれているのかをあれこれ想像した。タコのペラっとしたスライスが挟んであるのかな？　それともタコの足がニョロニョロとはみ出していたりするのかな？　そもそもオクトパスって、私のよく知ってるあのタコでいいの？　もしかしたらこちらの地方では小さな親指サイズくらいのタコが主流だったりする⁇　待つこと15分くらいだっただろうか、ついに運ばれてきたハンバーガーは想像とあらゆる点で違っていて、とにかく見たことのない、食べたことのない代物なのであった。

まず、でかい。私の顔くらいはある。それを半分にカットした状態で渡してくれるので案外食べやすい。そしてバンズが、黒い。一瞬、焦げているのか？と思ったけど、しっかり中まで灰色なのでどうやら焦げではないらしい。これってもしかして、タコの墨をイメージしていたりするのかな？　頬張った瞬間の、表面のカリッとしていてサクサクした食感がなんだかグッとくる。ハンバーガーのバンズといえばフワフワしているのが一番美味しいと思い込んでいた私にはとても新鮮だった。

で、肝心のタコはというと。ミンチ状のタコをフライにした、平べったいタコカツのようなものだった！　ミンチなので一見するとタコが入ってるのかどうかわからないんだけど、噛むとタコらしい弾力のある歯応えが感じられる。なるほど〜、カツか〜。他にトマト、レタス、そしてオーロラソースのようなものと一緒にサンドされている。この大きさ、とても一人では食べきれないと思ったのに、なんと全部ぺろりとたいらげてしまった。怖い。

ああ、なぜこの話を満腹論に書かなかったか思い出した。一生懸命言葉を尽くして説明してもなかなかあの感動を説明するのは難しく、私の興奮に共感してもらえるか不安だったから。今こうして書いてはみたけれど、やっぱり読者のみなさんの胃袋を刺激できているという確信がない。ハンバーガーは誰もが一度は食べたことがある身近で庶民的な食べ物だけど、だからこそ「感動っていっても、所詮ハンバーガーでしょ」というイメージの天井にぶつかる気がするのだ。読み物としては消化不良に陥るかもしれないと思って避けたのがひとつ目の理由。そしてふたつ目は、どちらかというとこっちの理由が大きいんだけれど、オクトパスバーガー屋さんを日本で開きたいという企みが生まれたからだった。まだ日本ではあまり知られていないオクトパスバーガー、日本人にもウケそうな味だし絶対人気が出る。日本でのブームの火付け役、なーんてことになっちゃったりして？　オクトパスバーガーに目をつけた最初の日本人になりたいのに、もし満腹論で書いてしまったことで私のこの素晴らしいアイデアを他の誰かに横取りされたりしたら悔しいじゃないか！と真剣に妄想してしまう程度には当時の私は感銘を受けていたわけだ。まあ、私には商才がないので、ほどなくあっさりと諦めたわけだけど。誰かやりませんか、オクトパスバーガー屋さん。出資しますよ。

旅先で、あの非日常的な城壁の景色の中で食べたことによる美味しさの上乗せ効果は、多少あるとは思うけれど。でも死ぬまでにもう一度食べたいと思うものが遠い異国にあるというささやかな現実は、自分を大切にして元気に年をとらなくちゃなーとか、旅を楽しむには世界中すべての場所が平和であることが大前提なのだとか、そういう大きな目標につながって、今日も少しだけ私の日常を支えている。

Comment Nourrir
Neuf Milliards
d'Hommes
Dégustations
d'Insectes

12

JCDecaux
BUS
RELAIS
Du 3 juillet au 25 août 2023
TARIFS
ROULEZ EN VÉLO+
DE BOUGER EN SOIRÉE

Salon de thé
Cadeaux
L'Atelier
des Chimères

CR
1813
V1

MANPUKURON 138

いい湯だな

19年9月

今年1月。何の前触れもなく我が家のお風呂が故障した。厳密に言うと故障ではないのだけど話せば長いのでかいつまんでお話しする。とにかく使えなくなってしまった。最初はほんの数日我慢すれば元に戻ると思っていたが、想定外に大掛かりな工事が必要となった上、オリンピックの影響だか消費税増税の影響だかで施工業者が全然つかまらず、なんと風呂なし生活は結局4ヶ月以上に！　超大問題。だって私は日本人のくせに公衆浴場が苦手。知らない人と一緒に風呂に入るとか、どんだけ社交的なんだい。温泉旅行は内風呂付きの宿しか選ばない。そんな私が毎晩銭湯に通うことになるなんて。

それにしても、銭湯は案外たくさんあるものだ。年々減少しているといいつつ、それでも都内に500以上はあるらしい。驚いたことにどこも結構混み合っている。何時に行っても、老若男女がひっきりなしに訪れる。おそらく家にお風呂がある人がほとんどだろうに、わざわざ460円払ってでも他人と一緒に入りたいんだろうか。

最初の頃は目にするものすべてがカルチャーショック。みなさん髪や体を洗うだけでなく、泥パックしながら歯も磨くし、人前でお腹周りの脂肪を揉み出しマッサージしたり、堂々とムダ毛の処理までする。メガネしたまま湯船に入る人もいて、ものすごい曇ってるけど大丈夫ですか。脱衣所でおばあさんは下着姿でうたた寝しちゃってるし、若者は何の恥じらいもなく素っ裸で仁王立ちになってドライヤーで髪を乾かしている。人って赤の他人の前でこんなに無防備になれるものだろうか！

慣れない私は緊張するし、疲れる。特に疲れるのはドライヤー争奪戦だ。女湯の脱衣所にドライヤーはたったの2台。3分、20円。真冬だったのでしっかり乾かしたいが、3分じゃまだ半乾き。もう1枚コインを入れようかなと思うと、鏡越しに眼光鋭くプレッシャーをかけてくるお姉さんがいるので一旦譲る。後ろでもう一度順番を待っていると、さっき譲ってあげたお姉さんが追加のコインを悪びれもなく投入。おい！　お前は連続で使うんかーい！　私も眼光鋭くプレッシャーを与えてみたが、見向きもしない強いハートのお姉さん。

おっかなびっくりの銭湯生活だったけど、1ヶ月、2ヶ月と続くうちにいつのまにか私も常連になっていて、多少のことは気にならない強めのハートを手に入れた。人類は皆兄弟。普段の生活の中では人の目が気になったり、誰かと自分を比べて卑屈になったりすることもあるけど、裸ですっぴんになってしまえばどんな人間もたいして違いはない。右のおばあさんと、左の若いお嬢さんに挟まれて湯船に浸かっていると、ちょうど人間の年表のように見えなくもない。私は今ピチピチ期とシワシワ期の間くらいか、と思ったりして。

我が家のお風呂は直ってしまった。好きなときに好きなだけお風呂を使える幸せを噛みしめつつ、ときどきは銭湯にもまた行ってみようかと思う、今日

このごろ。満腹。

MANPUKURON 139

コインランドリー

19年10月

前回の満腹論で、我が家のお風呂が突然のトラブル発生により使えなくなって、4ヶ月間銭湯通い生活になった事件についてお話ししました。実はそれだけじゃないのです。同時期に洗濯機も使えなくなりました。銭湯通いだけでなく、コインランドリー通い生活でもあったのです。

私、コインランドリーを利用したことがありませんでした。意外に潔癖気味な性質があって、どんな人が使ったかわからない洗濯機ってのは正直言って、抵抗が。でも今回ばかりは我が家の大ピンチを、コインランドリー様が救ってくださいました。コインランドリーが存在する世界で本当によかった。

店によっていろんなサービスがありました。24時間営業とか、靴専用の洗濯機があるとか、Wi-Fiがあるとか、カフェが併設されているとか。朝仕事へ行くとき、車に洗濯物も積んで出勤。仕事の合間や、帰りに通りがかりのランドリーへ寄って洗濯する毎日（そして銭湯にも寄る毎日）は、煩わしいんだけど、ちょっと旅人っぽい気分。

あるときは最近オープンしたばかりというお店に足を運んでみました。海外ドラマに出てきそうなおしゃれな雰囲気。若いお客さんで混み合っているんですが、私が洗濯を始めて見渡すと、ずらっと並んだ新品の洗濯機はほとんど中身が空っぽ。こんなにお客さんがいるのに……？　どうやらここにいるほとんどの人が、洗濯しに来たわけじゃないみたいなんです。映える、ってやつですか。みんな写真を撮り合っているんですね。しかも手にはわざわざ持参した洋書やコーヒーカップなどおしゃれ小道具を持って、人目もはばからず、床に座ったり頬杖をついたり、おしゃれポーズをとりまくっています。私は写真を撮られるのが苦手で、撮影のときは仕事だからと頑張って被写体をやっているというのに、映える世代の若者はすごいね。コインランドリーの新しい使い方を知りました。

一番お気に入りの店は親切なご夫婦が経営されていました。柔軟剤は香り付きと香りなしの2種類が常設してあり無料で使わせてもらえるし、待合スペースにある雑誌のチョイスがいいし、携帯を充電できるスポットもある。週に何度も行くようになってすっかり顔なじみになったお店の奥さんに、洗濯代行サービスを勧められました。朝洗い物を預ければ、洗濯してくれて夕方にはもうピシッと畳まれて仕上がっているとのこと。ご夫婦がいつも店の奥でせっせと衣類を畳んでいたのはお客様の代行だったのですね。「どんなものでもお願いしていいんですか」と聞くと「もちろんです。皆さん下着でも気にせず預けていかれますよ」って。

そこで実際に利用してみると、確かに忙しいとき大変助かる便利なサービスなのだけど、あまりに几帳面に畳まれた自分の下着などを見て、ご夫婦の顔がチラついてどうしても気まずい気持ちになりました。うん、せめて次からは見られてもいい可愛い下着だけにしよう。いや、それも違うだろう。というわけで代行は一度きりで終わりました。満腹。

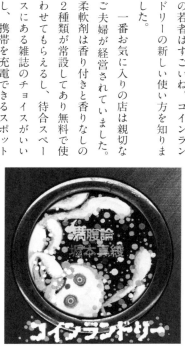

MANPUKURON 140

目の力を抜いて

19年11月

まったくもって言い訳にすぎないのだけれど、なんとなく、苦手だなーって思うスタジオがいくつかある。そこへ行くと、うまく声が出ないとか、妙にセリフを噛みやすいとか。でもそれは別にスタジオのせいではなくて。前に同じ場所で収録した作品で何か特別苦労したとか、そういう過去の経験に紐づいているのだ。

たとえば某スタジオは、昔レギュラー番組のアフレコで通っていたのだけど、そのとき演じていたキャラクターがなかなか掴めず苦戦した。まだ10代で、当時は洋画の吹き替えのほうが多く、アニメの現場に不慣れだった。ディレクターのオーダーにうまく応えられていないことは自分でもわかっていたけど、スキルが足りずリカバーできなくて。自分の至らなさを痛感して途方にくれた。もう20年以上前の話。それなのに今でもそのスタジオに行くと無意識のうちに体がこわばる感じがするから不思議。

似たようなことは舞台上でも。ミュージカル「レ・ミゼラブル」のエポニーヌ役を演じていたときのこと。数ヶ月間に亘る公演のちょうど中日あたりだっただろうか。ある日、自分の歌うパートの1音がうまく出なかった。すると翌日も、その翌日も、同じ箇所だけ声が出なくなったのだ。たった1音、べつにそんなに高いキーでもないし、ついこの前まで何の問題もなく通過していた場面だというのに。それからは毎日本番前に鬼のように練習してから臨んだ。練習ではできるが、本番ではダメ。懸念のシーンが近づくと「もうすぐだ」と身構えてしまっているのは、自分でも気づいていた。

意識すればするほど怖くなって、力が入る。結局しばらくこんな調子が続いた後、急にステージの上でポンとうまくいった日があった。するとそれ以降は嘘のように元どおり。

　精神的な「力み」というのは本当にやっかいなものだ。たまにゴルフの試合など見ると、絶対に自分にはできないスポーツだなと思う。死ぬほど練習して、ものすごい才能があっても、きっと最後は精神力がものをいう。プレッシャーのかかる場面、大勢が食い入るように見つめる中、邪念を捨て実力を発揮することなど常人にできるだろうか。失敗したくないと思えば思うほど力んでしまう。私はずっとそういう人間だ。

　最近始めたピラティスの先生がレッスンの中で「目の力を抜いて」とよく言う。難しいなと思う場面ほど、目の力を抜くと上半身の力が自然に逃げると。今までよく「肩の力を抜け」とは言われたが、「目」と言われたほうがスッと腑に落ちた。目の力を抜いてみると、額や顎の力も同時に緩む感じがする。私こんなに力んでいたのかと驚く。今、例の苦手なスタジオでレギュラー番組の収録があり、毎週通っている。相変わらずトラウマの残り香を感じて不調に苦しんでいるところだが、なるべく目の力を抜いて、マイク前に立ってみよう。舞台上の失敗は舞台上でしか取り返せないし、マイク前の失敗もマイク前でしか挽回できない。って思うと、この仕事をまだ辞められない。満腹。

MANPUKURON 141

地球は狭い

19年12月

「この前デパ地下で真綾ちゃん見かけたよ」

と言うのは声優の川澄綾子嬢である。「さん」ではなく「嬢」とつい書いてしまうほどの、川澄さんのかもしだす気品と美しさったら。

遡れば20年ほど前から共演する機会はあったものの、最近「Fate」関連のお仕事を通してお会いする機会も増えて仲良くさせていただいている。見かけたら声くらいかけてくれてもいいものを。

「だって、あまりにも真剣にパンを選んでいたから」

ああ、あのときか。その日、期間限定で出店していたパン屋さんがあって、足を止めた。

「真綾ちゃんを見かけたあと、別の店で買い物してから戻ってきたんだけど、まだ真綾ちゃんお店の人と話が弾んでて」

そうそう、ショーケースの中はすべてベーグルで、見た目は平凡なのだけど、高野豆腐とか人参しりしりとか、他ではまず見ないような具が入っていたのだ。高野豆腐ってどういうことですか、高野豆腐を細かく砕いて生地に練りこんであるんですか、それとも煮付けたあとパンに挟んで焼いているわけですか、などと根掘り葉掘り聞く私に、店員のお兄さんも嬉しそうに熱のこもった説明をしてくださって、なんか止まらなくなってつい長い立ち話となってしまった。

「いったい何をそんなに語り合っていたの？」

と笑う川澄さん。ですよね、確かに。まったく気づかないうちにそんなところを見られていたのかと思うととても恥ずかしい。

去年クロアチアを一人旅したときのこと。最後に泊まった宿で空港までのタクシーを予約したいと言ったら、貧乏旅行のバックパッカーといった風貌の私を気遣ってか、同じ飛行機に乗る日本人客がいるから一緒に行けばいいと親切なオーナーに強く勧められた。その日本人客とはカップルだと聞いたが、実際に待ち合わせ場所に行ってみると男性ひとり。どうやら単純に私の聞き間違いだったみたいで、見知らぬ男性と2人でタクシーに乗るという不思議なシチュエーションとなってしまった。空港まで約15分、アドリア海と美しい夕焼けを眺めながら、車内では話が弾んだ。旅慣れた雰囲気のその人はもう何度もこの街を訪れているという。いつもレンタカーでワイナリーまで出かけ、お気に入りのワインを買うんだって。

もう空港へ到着する頃になって突然思い切ったように「実は僕、あなたのコンサートに行ったことがあります」と打ち明けられた。移動の飛行機の中で私の曲を聴いていることもよくあるのだとか。こちらにしてみれば、オフ中のオフ、電源抜くだけではなくコンセントから抜いているレベルのオフモードの自分を見られるのは恥ずかしいというか申し訳ない気にもなったが、考えてみれば向こうのほうがよっぽど戸惑ったに違いない。私のことを知っていても、そう言っていいかどうかずいぶん迷ったことだろう。旅の最後に面白いお土産話ができて、お互いよかったですねといって別れた。

地球は狭い。どこで誰に会うか、わかりませんね。

満腹。

MANPUKURON 142

声が家出中。

20年1月

それはもう見事なまでに、まるっきり、声が消えた。

ちょっと体調崩したのと、ちょっと忙しかったのと、ちょっと年齢を重ねたことによるもの。ちょっとしたことが重なっての大惨事。喉の丈夫さには絶大な自信があっただけにショックは大きい。マネージャーは「僕が真綾ちゃんの担当になって17年、こんなの初めて」と目を丸くした。

あらゆる収録を延期させてもらい、たくさん迷惑をかけまくった。心苦しい。せめて一刻も早く良くなるために、病院に通いお薬を飲み、うがいと吸入を繰り返す。一日中マスクをし、睡眠をとり、なるべく何もしない。本を読んだり音楽を聴くと、たとえ黙っていても声帯が動いて消耗してしまうものらしい。何もできない。ぶっちゃけ暇だ。

それにしても声が出ないとこんなに不便なのか。たとえばスマートスピーカー。「テレビつけて」「エアコンつけて」と声で指示をするＡＩ搭載のスピーカーが使えない。予約していた美容室をキャンセルしたかったが電話もできない、家のインターホンが鳴っても応答できない、タクシーに乗っても行き先が言えない、コンビニで「袋は要らないです」と言えない、ちょっとぶつかった人に謝れない。単なる失礼な人と思われ少し怪訝な顔をされる場面もあり、申し訳ないやら悲しいやら。

でも声が出なくてよかった場面もあった。昨日病院で点滴をしていたときのこと。カーテンで仕切られたベッドに横たわり少しうつらうつらしていると、大きな声で「おい早くしろ、さっさとやれ！」と怒鳴りながら患者がひとり隣のベッドへ入っていく声で目が覚めた。ご高齢の男性、すごく横柄な態度で次から次へとわがままを連発、しかも言葉の語尾には必ず「このやろう」「ばかやろう」と余計なひとことがつく。看護師さんたちは毅然と、でも穏便に言葉を選んで対応している。30分以上、その調子。イライラした。仕切りのカーテンを勢いよく開け「具合の悪い人が集まる場所なのに他人の気持ちを思いやれない、まるで絵本の中の悪い王様みたい。たとえあなたがどんなに立派な功績を残した人だとしても、今この瞬間あなたを尊敬できる人など誰もいない、なんて恥ずかしい姿なの！」とまくし立ててやりたかったが声が出ないので諦めた。もしも声が出てたら、本当に言ったかも。そして結局火に油を注いで、私も恥を晒す立場になっていたかも。

点滴を外しにきた看護師さんが困ったような笑顔で「騒がしくてごめんなさいね」とささやいた。その瞬間、妙に胸を打たれた。毎日いろんな患者がきて、失敗が許されない緊張感の中、一日中ひたすら点滴を打つお仕事。すごいな、立派だなぁ。声が出なくて、その感動を伝えられなかったけれど。

また声が出るようになったら、文句や愚痴よりも、なるべく気持ちのいい言葉を発していきたいな。悪い言葉を使うと声も悪くなるって、幼いころ劇団の先生に言われたことを思い出した。満腹。

MANPUKURON 143

お元気ですか

20年2月

何度もゲストとしてお邪魔したことがあるラジオ番組に、また出演させていただいた。冒頭でパーソナリティから「お久しぶりです、お元気でしたか？」と聞かれ、一瞬返答に詰まる。ただの挨拶なのだから難しく考える必要がないことはわかっている。普通ならただ「はい」とにっこりするところだが、果たして私は元気だったのだろうかと不意に自問してしまって、なんとなく歯切れ悪く「はい」と言ったあと、ヘラヘラ笑った。

もちろん考えすぎだ。そんなことがいちいち気になるとは、よほど疲れていたのかもしれない。たぶん世界中どこだって「やあ、元気？」という定型文の挨拶はあって、それ自体にほぼ意味はなくて、相手が元気かどうかを本気で確認したいわけじゃないんだ。私だって無意識にそんなふうに誰かに声をかけているはずだし、誰もが適当にやり過ごしている。だけど、元気って何なんだ。風邪もひかず怪我もせずにいることか、悩みがないということか、やる気がみなぎっているということか、特別なことはなくとも平穏であるということなのか。私にとって元気であるというのはどういう状態なんだ。

私はいわゆる〝元気な人〟が苦手だ。よく〝太陽みたいな人〟とか形容されるパワフルで明るくてポジティブでオープンマインドで、人が好き！　海も好き！　飲み会が好き！　みたいなタイプ。一般的には誰からも好かれるであろうビタミン系バイタリティ人間がぶっちゃけ苦手だ。そういう卑屈な性格なんです私。そこにはおそらく自分にないものを持っている人への羨望の気持ちも含まれている。眩しすぎる光に思わず目をつぶってしまうような心境だ。

　そういう太陽的な人こそ本物の「元気」だと思うから、私のような根暗な人間は「元気か」という問いに一生「はい」とは答えられない人生だ。「私なりに元気です」とか「そう見えないかもしれないけど結構元気です」というのが正確な回答になるが、それでは生きづらいな。面倒だし、嫌われるな。だから今後は深く考えず、元気かと言われたら反射で「はい」を言おうと心に決めた。

　数ヶ月後、同じ番組にまたゲストとしてお邪魔する機会があった。今回こそは妙なことは考えず、「お元気でしたか」ときたら即「はい」するつもりで心の準備をしておいた。さあ、収録は想像した通り、そのような空気で始まった。

「前回お越しいただいたのは４ヶ月前でしたね。お変わりありませんでしたか」

　えっ？　お変わりありませんでしたか？　お変わり、ない？　おいおい想定外の挨拶きたこれ。４ヶ月前の私と現在の私、どこか変化があるか？　変化がないと停滞しているってことになって残念な感じがするし、だからといって変化したというほどの大きなトピックもない……え、普通はどうなの？　４ヶ月あれば人って変われる？　変わるべき？

　といった内容を0.5秒くらいの間に高速で考えた結果、結局また歯切れ悪く「あ、はい」と言ってヘラヘラ笑った。なんでこーなるの。満腹。

出勤時間や勤務地、同僚の顔ぶれ、業務内容さえ毎日異なる私の職業って、ちょっと変わってるんだな、と今さらながら。子役から始め、高校生で歌手デビューし、大学卒業後も芸能の道を選んだ私。他の仕事をしたことがない。アルバイトも。自分の経験だけをベースに考えていると実は一般的な感覚とは違うんだと、あとから気づくこともある。

MANPUKURON 144

今日だけの宴

20年3月

昨年末、最近は職場の忘年会に出席したがらない人が多いというニュースを見て「えーっ！」と思った。忘年会の機会ぐらいしかみんな揃って乾杯できないのに。1年間頑張って、その結果が良くてもイマイチでも、お互いのことが好きでも苦手でも、お酒が飲めても飲めなくても、ほんのひととき「乾杯！」と労をねぎらい合うのは大事な時間だと思ったからだ。勤務中とは違う同僚の一面を見たり、年代や持ち場の違う人との会話から学ぶことも多いのになー、という感想は私の日常に照らし合わせると作品の打ち上げと同じようなものとして捉えたから。でも忘年会に行きたくない人の理由を見て「あっ、そうか！」と。「勤務時間外は親しい人と気兼ねなく過ごしたい」「年を跨いでもどうせ何も変わらないのに」。つまり普通は職場の顔ぶれは滅多に変わらないのだ。今日のメンバーで明日も来週も来年も共に仕事をする。そういう人が多いんだ。私は毎日仕事仲間が変わる。同じ仲間と同じ場所で来年も再来年も一緒に仕事できる生活を、想像できていなかった。いつでも会える人と毎年忘年会をやるのと、二度と集まれないメンバーで飲み会をするのとでは、当然感覚が違う。むしろ、プライベートは別行動したいと思うくらい職場の関係が濃密といえるのかも。

　今日は朝からアフレコ、明日は午後からリハーサル、次の日は日が昇る前から撮影。毎日あまりにも様子が違う。今日アフレコしたセリフは二度とやり直せない。舞台もツアーも全公演まったく同じことはできないし。今日来てくれたお客さんとまた会えるとは限らない。今日の恋人役が明日は敵役になったり。いつかの新人が、今日は主役をやってたり。

　ずっと昔ある演出家が打ち上げの席でポツリと言った。「ここにいるひとりひとりと、これからも仕事をするだろう。でもここにいる全員で一緒にひとつの作品を作れるのは、最初で最後なんだよな」。寂しそうだけど、とても愛おしげに。

　私たちはたまたま縁があって一時期同じ作品に関わるだけ。シリーズが続いたり再演があっても、スタッフ・キャストひとりも欠けず全員で再集結するのは不可能に近い。期間限定の職場、同僚、上司だからもしかして気楽なのかな。
　でもだからこそ限られた時を貪るように関係を深めようとするのだろう。短い期間にも喜怒哀楽を遠慮なくぶつけ合い、最後の宴はいつも今生の別れのように名残惜しい。普通はもっとじっくりと何十年かかけて築く関係を、高速で作っては手放していく。なんと騒がしい、変わった職業だろうか。満腹。

MANPUKURON 145

結婚式が二度あれば

20年4月

結婚式のWeb招待状がLINEで届いた。日時場所、ドレスコードとともに、会費の振込口座も記載してある。なるほどねー、便利。これならゲストにとっては返信ハガキの出し忘れやご祝儀袋の準備から解放されるし、新郎新婦は出欠席やゲストの連絡先も管理しやすく、ご祝儀泥棒の心配もない。もしかしたら年配の方にはカジュアルすぎると感じる人もいるかもしれないけど、ペーパーレスは時代に合っているという気も。私が結婚式を挙げた頃とは色々なことが変わってきているんだな。

結婚式、もう一回やったら次はもっと上手くやるんだけど。というのは多くの人が抱く感想だと思う。実際、複数回経験する人もいるが、そういう人はきっと2回目のほうが要領よくやっているに違いない。多くの場合、人生初の行事で相場も常識もコツもわからない。ウェディングプランナーのアドバイスを頼りにするしかないが、あちらも人助けではなく商売なので「一生に一度のことだから精神」をうまく刺激してくる。たとえばテーブルクロスや卓上花について。ベーシックプランのままでもおもてなしとして充分なものだが「お好みでこちらもお選びいただけます」と別のファイルが差し出される。確かに豊富で洗練された写真がズラリ。見比べちゃうとベーシックなやつはベーシックすぎて地味。追加料金払うか……いや待てよ、誰かの結婚式に出席したときクロスの色や花のボリュームなど覚えているか？　否、それはない。主役は新郎新婦だし。という私の心の声が聞こえていたかのように「当日のお写真はゲストの皆様の手元にいつまでも残りますからね」とプランナー。むむ、あとで写真を見て「お花ケチったわね」とか言われたくない。追加料金を……いやそんなゲストいる？ 披露宴に呼ぶくらい親しい人たちなんだからみんな好意的だろう。すると今度は「お二人の思い出の場所をお花で表現しては？」ときた。よくドライブした湖の話をすると「ガラスの器にお花を浮かべて」「白樺の切り株にキャンドルを飾って」「切り花だけでなく樹木も」とどんどん出てくる。でも確かに個性が出せて素敵かも。とりあえず見積もりとったら、目が飛び出た。白樺、いらん！ 樹木、あほか！というお値段。すべて却下！と言いたいところを、謎の見栄を張り、樹木4本だけ採用してしまった。

　というのはほんの一例であって、ケーキや衣装や引出物、ありとあらゆるものがこんな調子。こっちが初めてで右も左もわからないのをいいことに、なんとなく誘導された方へ向かう仕組みになっている。金額も桁が大きすぎてだんだん麻痺してくるし。もし2回目があったらそのへん絶対うまくやる！ しかし、ないのだ2回目は。くそー、してやられた感。

　悲しいことに自分の結婚式を経験してからは、ゲストで出席したときもテーブルクロスや花をつい見てしまう自分がいる。ちなみに見栄を張って断れなかった樹木だけど、あとで親族に「なんか大きな樹が邪魔でよく見えなかった」と言われた。満腹！

ベツバラ　招待状の宛名をぜんぶ手書きしたなあ。上手ではない字なのに、印刷のほうがよかったかもしれないと途中で心折れながらも。夫の親戚や友人などお式で初めてお会いする招待客も多いので、事前にお名前を覚えるのには役立ちました。何はともあれ、すべてが良い経験でした。

MANPUKURON 146

恥と欲

20年5月

4歳のとき初めて人前で歌った。幼稚園のクラスの発表会で。「フレール・ジャック」という歌だった。たぶんあの日以来35年以上口ずさんでいないけど、いまだに歌詞まで覚えてる。アップライトピアノのある小さなホールには保護者たちも集まっていた。発表会の帰り道、母はみんなが私の歌をずいぶん褒めてくれたと鼻高々だった。

同じ行事が翌年もあったが、5歳になった私はなぜかとても不機嫌そうに蚊のなくような声でしか歌わなかったので、楽しみに見に来た母をがっかりさせてしまった。去年はみんなに褒められたのに、本当はちゃんと歌えるくせにどうしてわざと下手に歌ったのかと、いつまでもブツブツ言われた。たぶんあの日初めて、本当の意味で〝人前で〟歌ったのだと思う。

4歳のときは、たくさんの人の前に立ってはいても、誰のことも目に入っていなかった。先生の弾くピアノの音と自分の存在だけで成り立つ世界。べつに誰も聴いていなくたって幸せで、誰にどう思われてもかまわなくて。自分がうまいかヘタかなんて、考えたこともなかった。ところがあの日思いがけずみんなに喜ばれ、幼稚園の先生にはミュージカル「アニー」のオーディションを受けてみてはどうかと勧められたりもして。もちろん悪い気はしない。自分はもしかしたら歌が得意なのかしらと思い始めた。けれどそうしたら、次の年の発表会の日が近づくにつれ、だんだん憂鬱になってしまったのだった。

今度もまた褒められるような歌を歌わないと、いけない気がする。前よりももっとうまいほうが、いいかもしれない。先生やお母さんに褒められたい。失敗したら恥ずかしい。今まで感じたこともなかった欲がどんどん大きくなって、私を緊張させた。そうして迎えた当日、自分の番が来てピアノのイントロが始まったとき、目に飛び込んできたのはびっくりするくらいたくさんの人の顔、顔、顔。同じクラスの毎日見ている友達が他人に見えて。時間がゆっくりになり、ピアノの音も遠ざかる。去年と同じはずなのに、去年とはまったく違う景色だった。わざと下手に歌ったんじゃない。急に声が出なくなっただけ。

恥とか欲というものが、初めて顔を出した瞬間だったのかもしれない。子どもらしい天使のような時間が終わり、人間らしい俗物へと順調に成長を遂げようとしていた。

4歳のときみたいにただ自分の内側だけにフォーカスして歌を歌うことは、やはり今の私にも簡単じゃない。すべては恥と欲のせいだ。けれどプロになるとはそういうことだ。自分の視点以外にも、あらゆる角度から状況を見ていなければいけない。それでも2時間半のライブの中で、1曲か2曲くらい、4歳モードに没入できる瞬間があって、時間も空間も温度もなくなって、非常に満たされた、懐かしい気持ちになる。そうだ、これでよかったんだ、と。自分のためにあって、自分を幸せにするのが歌だった。その延長線上に今、このステージがある。今年CDデビュー25周年を迎えます。満腹。

MANPUKURON 147

モリモリ食べる

20年6月

兄が交通事故で入院したのは20年前。当時私は19歳の大学生だった。外傷性くも膜下出血ほか全身の怪我で意識不明の重体。私たち家族はＩＣＵの病室に通い詰めた。ただそばにいて、手足をさすって話しかけ、兄の好きな音楽を耳元で流す。ほとんど無意味に思えることを、毎日。

たぶんあの頃の父と母と私はすごく明るかった。よく喋り、よく笑う。そしてお見舞いの帰りにはファミレスに寄って、トンカツやらハンバーグやらをモリモリ食べるのだ。家族が生死の境をさまよっているというのに、奇妙に見えたかもしれない。でも油断するとネガティブな感情に包まれて動けなくなりそうで。これがリアルってものかも。ドラマだったら悲愴感でいっぱいの家族が「何も喉を通らない」なんて言いそうだけど、本当に崖っぷちにいる人間は必ずしも弱々しく泣いているわけではない。なんとか持ちこたえようと踏ん張る姿は、はたから見ればとても力強く、エネルギッシュにさえ見える。

事故からひと月以上経った頃。チューブに繋がれた兄の姿にも、病院独特の匂いにも、慣れてしまった。いつものように病室で音楽をかけ、ベッドのそばで本を読んでいたが、不意に顔を上げると不思議なことが。兄の口元が動いている。その唇の動きは今かかっている音楽の歌詞をなぞっているように見えた。「えっ、お兄ちゃん歌ってない？」と母に声をかけるが「まさか」と笑う。これまでも手足の指が少し動くことはあったけど……覗き込んでじっと観察していたら、やっぱり間違いない。GLAYの

「HOWEVER」、事故のあった翌週に兄が友人の結婚式で歌うはずだった曲。それを口ずさんでいる。もちろん声は出ない。瞼も開かない。でも間違いなく兄として、ここに生きているんだ。まさにドラマみたいな感動的なシーンだった。希望とか、音楽の力とか、生命力とか、目に見えないはずのものをこの目で見たような体験。

とはいえやっぱりリアルでは、ドラマほどテンポ良くはいかないのだ。意識が戻ってもかなり長い期間混乱状態が続き、私たちを家族だと理解できたのは随分あとのこと。回復までの過程は壮絶だった。今では3人の娘の父となり元気に働く兄は、当時のことはほとんど記憶にないらしいけど。

今年新型コロナウイルスの問題がどんどん深刻になっていく中、窓の外で満開になっている桜を見て、あの日のことを思い出した。病院の中庭の満開の桜の下で、兄に叩かれたこと。点滴の針を自分で抜こうとしたのを私が止めたからだった。出口が見えない不安の中では、綺麗な花さえ悲しく見えたりするんだよね。だけどあの日々が教えてくれたのは、無意味に思えることでも続ければ意味は生まれるし、モリモリ食べることで人間は踏ん張れるってこと。人生はドラマみたいにテンポ良くうまくいくものじゃない。だけど、時にはドラマ以上に劇的な演出もあって、目には見えないものを信じられる瞬間もある。その瞬間を逃がしたくない。満腹。

MANPUKURON 148

いつもの顔

20年7月

我が家に届け物をしてくれる各運送会社の担当さん達は皆顔見知りといえる。うちはネットで買い物をすることがとても多い。

中でも一番好きなのが猫のマークの会社のWさん。いつも親切だし、小柄なのに重い荷物もひょいと持ち上げる、その腕の筋肉もかっこいい。本当にしょっちゅう配達してくださるのでもしかしたら心の中では「日時指定してなるべく一度にまとめてくれよ」と思っているかも。だけど夏の炎天下でも冬の雪の日でも、嫌な顔ひとつせずニコニコと来てくれる。以前、ふるさと納税の返礼品の紅まどんなという果物を配達してくれた際に「この町、僕の地元です！　なんか、ありがとうございます！」と言われたこともあった。以来、紅まどんなを食べるときには必ずWさんを思い出す。

同じ会社のAさんは荷物を手渡す直前に必ず「軽いです」「重いです」という〝重さ情報〟を欠かさない。どっからどう見ても絶対軽いとわかる封筒みたいな見た目の荷物でも律儀に「これは軽いです」としっかり目を見て報告してくる。「でしょうね！」と突っ込みたいのをぐっとこらえ、「ありがとうございます」と受け取る。

シマシマのユニフォームの会社のSさんはかなりご高齢。中学時代の担任だった加藤先生に似ているので私の中では密かに「先生」というあだ名になっている。先生はとても優しい微笑みと穏やかな口調で、毎回お天気についてひとことコメントを残していく。「今日は風が冷たいです」「なんだか今日はやけに暑いです」など。そのたび「そうですねえ」とか「お気をつけて」とか平凡な返答をしてばかりなのがなんとなく申し訳なくなって、ある時私のほうから前のめりに「今日は夜から雨らしいですよ」と先手を打ってみた。すると先生は「あぁ……」となんともいえない愛想笑いをして去ってしまった。何が気に入らなかったんだろうか。その後も2度ほどトライしたが毎度同じような微妙な反応なので、もう黙っておくことにした。すると先生は再び嬉々として「今日はいい陽気です」とお天気コメントを復活させたのだ。何か先生なりのこだわりがあるらしい。

郵便局の配達員さんに「はいじゃあここらへんにポーンとハンコ押してください」と言う口癖の人がいて、その「ポーン」の言い方が独特すぎる。例えて言うならトランポリンで一番勢いをつけるときの動きみたいな、軽くて元気で伸びのある「ポーン」なのだ。だからこっちも普通にハンコを押すだけでは足りない気がして、いつも扉を閉めたあとに「あれでよかったのだろうか、もっとポーンと押せたのではないか」と反省することになる。

コロナにより配達員さん達の忙しさは更に増している様子。私自身の生活にも欠かせないものだけど、今はできるだけ負担を減らしてさしあげたいと思う日々。だけど顔見知りの彼らが玄関先でいつもの笑顔を見せてくれる瞬間は、自宅待機中に日常を取り戻せるささやかな癒しであることを、本当は彼らにとっても伝えたい。満腹。

ベツバラ　この辺からしばらくの間、コロナ禍っぽいネタが続いていきますね。当時はまだどんなウイルスかよくわかっておらず、私たちのような職業もこれからどうなっていくか不透明すぎて不安もいっぱいでしたが、そんな中精神的にも物理的にも支えてくださった配送業の皆さんに本当に感謝です。

もともとテレビや舞台を中心に活動してきた女優さんが、海外ドラマの吹き替えを経験して以来すっかり声優の仕事の虜だと話してくれた。同時期にいろんな役をいくつも並行して演じることができるのが嬉しい、と。タイプの違う作品の台本を次々と手にとって読めることが楽しいのだと。そんな視点で考えたことはなかったけれど、言われてみれば確かにそうだ。

たとえば1ヶ月間の公演を行う舞台に出演する場合、その前の1ヶ月間を稽古に費やすとして計2ヶ月間はひとつの役柄にかかりきりということになる。単純計算でこのペースで1年間舞台に出たら出演する作品は6本。1年間に演じる役柄は6つとなる。テレビドラマの撮影は1話を何日かに分けて行うし、映画ならもっと時間がかかるだろう。でも声優は、2時間の映画の吹き替えでもだいたい1日で、テレビアニメの場合は半日くらいで録り終わってしまう。1週間のうちに一体いくつの役柄を演じているか、今まで数えたこともなかったが、10~15くらいだろうか。午前中は殺人鬼の役、午後は正義の味方、翌日は妖精か動物か……と、かなり短いスパンでガラッと役柄を切り替えて演じていくのが私たち声優の日常。鞄の中には毎日違う台本が数冊入っているけど、これって俳優業においてもちょっと珍しいのかな。生涯で数えきれないくらいたくさんの役柄と出会えるのは、声優ならではの特権なのかも。

私は先に声優業に触れて、あとから舞台の仕事に出会ったから、ひとつの作品を作るのにこんなに時間をかけられるなんて!と新鮮に感じ

MANPUKURON 149

種目別 “奇跡”の起こし方

20年8月

た記憶がある。稽古で毎日顔を合わせるうちに徐々に共演者の人柄やお芝居の方向性がわかって呼吸が合ってきたり、自分の役がゆっくり体に染み込んでくる。本番の幕が開いてからもお客様の反応を感じながら成長し続けることができる。積み重ねた時間が、奇跡を連れてくるのだ。

　声の仕事では、台本は各自で読み込み、収録当日にスタジオで1〜2回テストをしてすぐに本番。だから直前まで共演者がどんなお芝居をするかはわからないし、演出家や監督の要望もその場で初めて聞くことになる。短時間に完成させるからってもちろん雑にやっているわけではない。場の空気を敏感にキャッチして瞬時に反応して表現をしていくのは、長時間稽古するのとはまた違ったアプローチで、奇跡を生むのだ。今発したひと声が、自分が死んでもずっと作品の中で生き続ける。だから渾身の集中力で、最初で最後の本番に臨む。

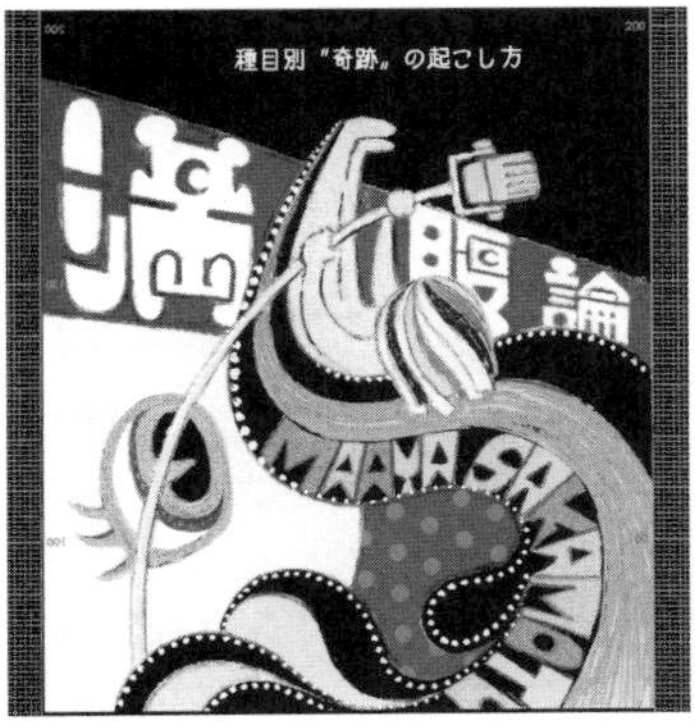

　舞台はフルマラソン、声優は棒高跳びみたいな感じかな。いや、どっちもやったことないスポーツだけども。同じ陸上競技の分野でも鍛える筋肉や求められるセンスが違うように、同じ俳優という仕事の中にもいろんな種目がある。複数種目にチャレンジしてみてそれぞれの難しさを知れば知るほど面白い。フルマラソンの練習が結果的に棒高跳びで活きたり、その逆もあるから不思議。満腹。

MANPUKURON 150

距離感の伸び縮み

20年9月

距離をとりましょう、という生活にも少し慣れてきた。アフレコの現場では出演者は時間差でスタジオに呼ばれ、2〜3人ずつの少人数で収録が行われる。マイクとマイクの間隔は以前より広くとられ、透明シートや衝立で仕切られている。今までは大人数で集まって、休憩中には一緒にお茶を飲み、雑談する中で親睦を深め、チームワークでひとつの作品を作り上げてきた。今は自分の出番が終わったら速やかにスタジオを出ていかなければならない。これは実に寂しいことだ。

そう、寂しい。思っていた以上に。長い自粛期間中、仕事が全部休みになって家族以外の人とまったく顔を合わせずに過ごした。やっと少しずつ仕事が再開されたとき、スタジオで久々に仕事仲間の顔を見るととにかく嬉しくて。「わあ〜、元気だった?!」と高めのテンションで話しかけてしまう。普段どちらかというとクールに振る舞っているはずなんだけど。私、こんなに人が好きで、現場の空気が好きだったのかと、我ながら驚く。

20代後半くらいまでの私は現在の何倍も人見知りな性格だった。スタジオでセリフ以外の言葉をまったく発しないまま終わることなんてしょっちゅう。みんなのおしゃべりの輪に自分から入っていくタイプじゃなかった。心を開くのに時間がかかるというか。だからいつも本を持ち歩いて、休憩時間になるとすぐ読書に没頭。話しかけないでください、と無言のバリアを張っていた。周りからは少しとっつきにくい、感じが悪いと思われていたかも。だけど仕事さえ真剣に取り組んでいれば、誰かの迷惑になるわけじゃないし、と。若気の至り。幼馴染みの浪川大輔は今でも、私が共演者とご飯に行ったりするのを見て「お前、友達ができてよかったなあ」と妙にしみじみと言う。昔は作品の打ち上げパーティーにも顔を出さずに帰った私だけど、大ちゃんが一緒のときだけついて行った。「お兄ちゃんが一緒にいてくれるなら」というものすごい小心者だったのだ。

無理に自分を変えようとしたわけじゃないけれど、年齢を重ねて経験を積むうちに、いつの間にか人並みの社会性を身につけるまでに至った。役者はひとりひとりが個性を求められ、同業者はみんなライバルの、個人競技だと思っていたあの頃。でもいつしか、みんなでひとつのチームだと思えるようになってから、ずいぶんと気が楽になった。楽しくなった。

今チーム全員が顔を合わせて仕事をすることができない状況で、改めてその存在の大きさを実感する日々。大事な作品とチームメイトを守るためにしばらくはフィジカルな意味でのディスタンスは必要だけれど、一方で心の距離はむしろ近くに感じられたのは、意外な収穫。でも今日現場で数ヶ月ぶりに櫻井孝宏さんに会った瞬間つい「さくらいさーん！」と喜びを露わにしてしまったところ、あちらは「おう」と温度差のある返答。おっと、心のディスタンス近づいたと思っているのは私だけかもしれない説。満腹。

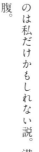

MANPUKURON 151

波乗り

20年10月

どうしてかなあ。わかってるはずなのにときどき忘れちゃう。悩んだり戸惑ったり、間違ったりしない人間なんていないよね。誰だって頑張ってる。頑張ってるつもりがない人も、実は頑張ってる。「頑張ってる」って言葉はあんまり好みじゃないけど、他に適当な言葉がないからもどかしい。

　というのが木村カエラさんのエッセイ「NIKKI」を読み終わってすぐの今の気持ち。正直なことを言えば、木村カエラさんのこと詳しく知っているわけじゃない。でも音楽は聴いたことがあるし、彼女の書く歌詞が好きだったから、この本を手にとった。個性的で自然で元気で、子育てしながらもキャリアを重ねている理想的な女性といったイメージ。でもこの本を読んでからは勝手に、とても近しい知り合いのような、まるで自分自身の一部のような存在になった。

　大変な人見知りだと彼女は言う。初めての場所に行く前にはお腹が痛くなるくらい。なんだか意外だった。ライブの前日から緊張したり、ライブが終わった瞬間「うまくいった。でも、もっと頑張らなくては」と思うところは、わかりすぎて痛い。そして面白いことにカエラさんも、別のアーティストのインタビュー記事を読んで「引退を考えるほど葛藤した」という話に共感し、力をもらっていた。私たちって誰でも、他人が自分よりずっと軽やかに見えて、自分だけ重力の影響を受けているような、そんな気がしちゃうんだ。

　こんなポンコツな私のことでさえファンの人の中には「すごい」とか「羨ましい」と言ってくれる人もいる。そういう人の目には、私がカエラさんに抱いていた漠然としたイメージのように、坂本真綾も自分という乗り物をうまく乗りこなして、どんな波も楽しく受け止めているように見えるんだろう。確かに、ある時はそうだ。でもある時はそうじゃない。

人はみんな自分だけの問いと向き合い続けている。それは誰かと手分けできるものではなくて、一生をかけて自分で解答を見つけ出さなければならない宿題みたいなもの。だから自分ひとりだけが大変だと勘違いしちゃうことがある。でもどんな職業の人も、何歳でも、誰でも同じ。日々望むことも望まないことも起きるし、幸せと孤独を交互に味わって、日々の細々したうねりを必死で乗りこなしながら過ごしているんだ。頑張る、という言葉以外で表現するなら、乗りこなそうとする、というのが近いような気がする。波乗りみたいに。インナーマッスルが鍛えられる感じ。外側から見ただけじゃわからない底力。

誰でも自分だけの乗り物を持って生まれ、毎日変わる風の中にいる。奮闘する姿は本人にとっては必死なだけで、少し恥ずかしいもの。だけど他人から見ると、とても美しいものなんだ。こんな私にお手紙をくれて「真綾さんのようになれない」と書いてくれた女の子、私もね、誰かみたいになれたらと思うことがある。でもきっとあなたがあなただけの問いに挑む姿は、自分ではわからないだけで、とても美しいはずだよ。満腹。

4月のステイホーム期間に作った曲がある。それをレコーディングして、もう完成した。12月にリリースするシングルに収録される。

外に出ないでください、人に会わないでください、手を洗いマスクをしてください。集まらないで、触れ合わないで、距離を置いて。何度も何度も耳にした言葉。私たち大人はそれがどうしてなのか知ってるし、必要なことだと理解できる。でもこのような中で成長する子供たちはどうなんだろう。ニュースで見たコロナ禍の学校の風景では「おはよう」の挨拶さえ禁止されていた。友達と大声で歌ったり、もみくちゃになってふざけたり、放課後に自転車でどこまでも冒険してみたりすることもできず、「しちゃだめ」と言われ続ける日々。短期間ならともかく、もしもこれが1年以上続いたら……。幼いうちに擦り込まれた価値観は彼らの思想に影響を残すかもしれない。どこへでも自由に行けて、誰とでも抱き合える。そんなあたりまえだった世界の美しい部分を、彼らに早く返してあげたい。

そんなことを考えていたら出てきたフレーズ。「ぼくら、望めばどこへでもいける」「ぼくら、これから何にでもなれるんだ」をサビに据え、私がこれまで旅してきた世界中の景色を思い浮かべながら作っていった。

MANPUKURON 152

いつか旅に出る日

20年11月

子供の頃、将来の夢をよく書かされた。私は小学3年生のときから「ミュージカル女優」が夢。でもそれを誰にも言わなかった。あいつ女優なんか目指して馬鹿じゃないの、と誰かに言われると思ったから。代わりに書いたのは「花嫁さん」。まったく望んでいないこと。でもとりあえず、誰も変だとか、無理だとか思わないもの。私は昔から引っ込み思案で、地味で、クラスにいてもいなくてもわからないような存在だった。だから女優なんて夢が全然似合っていないことを自分でよくわかっていた。それなのになぜか自分だけは、小さなロウソクの灯みたいにかすかな予感だけれど、叶うと信じていた。それを「ダメ」とか「無理」と一蹴されてかき消されないように、守っていたんだと思う。32歳のときミュージカルの主演が叶い、その役で菊田一夫演劇賞をいただいたとき、ふと思い出したんだ。「花嫁さん」と書いた自分の文字。その裏側に隠れていた本当の夢のことを。誰も信じてくれなくたって、ただひとり自分が信じてあげることができれば、人生は動き出す。叶うかどうかはわからない。少なくともトライすることはできる。それは幸福なことだ。一番辛いのは、自分が自分を信じてあげられないこと。

　あれもこれも「ダメ」と言われる子供時代を過ごしたことで、本当はできることさえもできないと思い込んで手放してしまわないように。

　自分の望む未来を描き、なりたい自分を自由に描いてほしい。これからの世界を作っていく、今の子供たちに。大人の私だって不安に駆られた4月。この曲を作りながら、40歳の私だってまだこれから、何にでもなれると信じた。タイトルは「いつか旅に出る日」。

ベツバラ　1年どころか、3年以上続きました。子供達がマスクを外して授業を受けられるようになったときには本当にホッとしました。

MANPUKURON 153

我が島へ

20年12月

約2ヶ月ぶりに我が島へ戻る。我が森に。あつ森に。あつまれどうぶつの森の私の島「ほしいも島」に。

普段ゲームをすることはほとんどないが、街や遊園地などをコツコツ作る系のゲームだけは食べることも寝ることも忘れて夢中になってしまう。あつ森が発売されたとき、生活に支障をきたすほどハマることは容易に予測できたので、周囲の人が楽しそうにプレイしていても視界に入れないよう細心の注意を払ってきたが、すべては忌まわしきコロナのせい。4月にステイホームなんて言われ、うっかり魔が差した。以来、虫を捕り魚を釣り花を育てながらカブで儲ける毎日。

でも夏になり、舞台公演が近づいた。2人芝居でとにかく覚えなければならない台詞の量が半端ない。森で流れ星待ってる暇などもう絶対にない。そこで私は心を鬼にして、舞台が終わるまでは完全に島から離れることにした。棚の奥にしまいこんだのだ。

2ヶ月後。舞台が無事に終わり、やっと島へ戻れるときが来た。緊張した。住人が誰もいなくなってたらどうしよう。引っ越したならまだしも、何人か行き倒れていたらどうしよう。しずえさんが怒って二度と口きいてくれなかったら。廃墟になった家や、雑草で覆われジャングル状態の島を想像した。無残な光景が目に飛び込んできても傷つかないように、心の準備をしてからニンテンドースイッチの電源を入れる。

久しぶりに登場した自分自身のキャラクターの髪型がひどい寝癖になっていたことと、家の中にゴキブリが発生していたことには驚いたが、幸い住人の顔ぶれは変わらず、雑草は増えているがそれほど荒れ果ててはいない……よかった！

　そこへ島で一番古株のちっちゃいネズミが通りかかった。話しかける。すると「どこいってたんだよー！　おかえり！」と明るく迎えてくれるではないか。正直こいつはたいして可愛くはない。いつも筋肉の話ばかりだし、部屋のセンスも悪い。だけどほしいも島オープン当初からの仲間だ。そんなアイツの変わらない態度にホッとして思わず涙が出そう。しかしよく見ると、いつぞや私がそこらへんの雑草をむしって作った「こしみの」をいまだに着ている。それは親切なふりしてプレゼントしながら、見返りに何か良い品をくれることを期待して渡しただけの、みすぼらしいこしみの。夏も終わり肌寒くなったのに、まさかお前それずっと着てたの？　こしみのだけじゃない。いつも不要品ばかりアイツに押し付けて、見返りを受け取ってきた。都合よく利用してきたんだ。

「お前がいなくて寂しかったぞ」なんて優しくしないでくれ……。私はなんて心の汚い人間だ。走って家に戻りクローゼットからお気に入りのライダースジャケットを引っ掴むと、アイツのところへ行って手渡した。とても喜んで、その場で着て見せてくれた。よかった、これでもう寒くないね。ごめんね、友達なのにひどい扱いをして。二度とお前のこと軽んじたりしないよ。ああ、我が島は相変わらず星が綺麗だ。満腹。

MANPUKURON 154

三人姉妹

21年1月

私には姪っ子が3人いる。兄夫婦の娘たち。普段なかなか会えないけど、毎年恒例の小さな約束ごとがある。それは私から3人姉妹に、クリスマスにケーキを贈ること。

約束というか、頼まれてもいないのに私が勝手に始めた恒例行事だ。今年はサンタさんが乗っているショートケーキにしよう、リースの形のモンブランにしてみよう、ロールケーキもいいな、と毎回違った味のケーキを選ぶことが私の楽しみだ。彼女たちが箱を開けたとき、どれだけニコニコしてくれるかを想像しながら。だけど考えてみたら、いつの間にか3人姉妹もすっかり成長した。長女は今年高校に入学したところだ。近頃ずいぶん大人びて、ファッションも変わってきて。そういえば私自身も高校生くらいからは、クリスマスには家族より友達と出かけたいと思ってた。もうケーキなんてたいして嬉しくないのかもしれない。そのうち「ダイエットしてるから食べない」なんてクールに言われちゃう日も来たりして。

中学生の次女と私の間では、今年になって急に文通が始まった。「鬼滅の刃」効果である。これまで私がどんな作品に出ていても興味はない様子だったのに、学校でも大ブームの「鬼滅の刃」に私が出演していることを知り、株が上がったらしい。なんとも嬉しそうに感想の手紙を送ってきてくれたのだ。メールやラインではなくて便箋の手紙というところが良い。部活の話、仲の良いお友達の話などを読みながら、どんな返事を書こうかしらとワクワクする。文通をするまで知らなかったけど、彼女は大変な読書家で、まさに本の虫なのだとか。コロナで学校がお休みの間に少しでも役に立てればと思い、我が家の本棚にあった本をどっさり送ってあげたが、それも即座に読み切ってしまったという。元来本を読むのも文章を書くのも好きな私と、共通点が多いみたい。

　三女は、まだ幼いけれど、どうやらアーティスティックな性格のようだ。我が道を行く強さがあるというか、マイペースで、大物になりそうな予感。何より笑顔が小悪魔的。毎年私が贈ったクリスマスケーキを囲んでいる姉妹の写真を兄が送ってくれるが、そのときいちばん無邪気な笑顔を見せているのが三女だ。この子がこんなふうに笑ってくれるうちは、ケーキを贈り続けてみよう。

　今年はフランボワーズ味とチョコレート味、ひとつのホールにふたつの味がハーフ＆ハーフ

で楽しめるというケーキに決めた。女の子は〃お得〃が大好きだからね。1台で2度美味しいのはきっと気に入るはず。いったいあと何年、彼女たちにケーキを贈ることができるだろう。すっかり大人になったら、もうこちらが卒業しなくちゃ。少し寂しい。でももっと先の未来では、今度は女同士お酒でも飲みながらおしゃべりできるかもしれない。「若草物語」に憧れて、ずっと姉妹が欲しかった私。どう頑張っても姉妹には見えないだろうけど、いつかのクリスマスは、4人で乾杯できたら。満腹。

コロナが声優の働く環境をガラッと変えてしまってから、1年近くが経とうとしている。「マイクワークとか忘れちゃいそうだよねー」と、誰かが冗談めかして言った。本当だねと笑ったあと、生々しくよぎる不安。今は特殊な状況に対応しているだけのつもりだったけど、もしかしてこれが日常になってしまったら。

MANPUKURON 155

マイクワーク

21年2月

マイクワークというのは数十人のキャストが3〜4本のマイクを譲り合いながら一緒に収録していくための技術。アフレコ風景を初めて見た人は異口同音に驚く。事前に打ち合わせしているわけでもないのに、どうしてあんなにスムーズに事が進むのかと。外国人が初めて渋谷のスクランブル交差点に来たとき、ひしめく大勢の人がまったくぶつからず交差していくことに非常に驚くらしいんだけれど、たぶんそんな感じの感動だ。自分のセリフの直前にマイク前に立ち、終わったらすぐにその場をどいて他の人に譲る。言葉で説明するとたったそれだけのことだけど実際に

やってみると超難しい。誰がどのセリフをどのマイクで言うかリアルタイムで常に逆算しながら、ノイズをたてないよう忍び足で移動する。誰かの後にマイクに入るとき、相手が台本を左手に持ってるか右手に持ってるかによって近づき方を変える。どんなに急いでてもマイク正面の適切な距離、適切な顔の角度でピンポイントで立たないとちゃんと音声が録れない。そんなことを考えながらも他の人のセリフを聞き、お芝居の流れを掴むことが何よりも重要。同時進行で多くをこなさなくてはならないのだ。と、ここまで偉そうに解説してき

た私は何を隠そうマイクワークがいまだに苦手なことで有名。だから、この1年ほどその必要がなくなって、本音を言えばすごくラク。感染症対策のため収録は少人数、マイクはひとり1本使えて移動なし。お芝居だけに集中できるんだもの。以前のような収録スタイルに戻ったとき、全員マイクワークが下手になっている可能性あるよね。そのうち「マイクワークやったことないです！」みたいな新人も出てきたりして。

　コロナ禍にデビューする新人の声優はそんな複雑なマイクワークもなく、大勢の前で何度もやりなおさせられたりするプレッシャーもなく、個別の収録で短時間で終わるから、けっこうラクかもしれない。だけどやっぱり可哀想。だって落ち込む機会が絶対少ないもの。スタジオで全員一緒に収録する緊張感。たった1行だけ与えられた自分のセリフ、待ち時間の方が何十倍も長くて。家で死ぬほど台本を読み込んでイメージしてきたって、当日先輩たちの繰り出す演技はその何倍も上回ってて、とうてい届かないと思い知る。自分にこの世界は向いていないとうなだれながら帰る。そういう経験ができないもの。落ち込むことがないと、人は成長できない。コロナよ、若者たちから落ち込む権利を奪わないでくれ。早くみんなで収録がしたい。ラクじゃなくなるけど、やっぱりそれが仕事だから。満腹。

MANPUKURON 156

1年A組38番

21年3月

実家の、かつて私の部屋だった場所は、今では父の仕事部屋になっている。学習机もそのまま父が使っていて、引き出しの奥に残ってる私の物を片付けてほしいと言われた。見ると、外国のお菓子の空き缶だとか、雑誌の付録のポーチ、カラフルなペン。今の私には価値がわからなくなってしまったものばかり。かつて宝物だったと思われるそれらをためらいなくゴミ箱へ入れていく。と、中学1年生のときの生徒手帳が紛れていた。

1年A組38番坂本真綾。表紙にはセーラー服におさげ姿の私の写真。パラパラとページをめくると、極端に丸っこくて読みにくい文字が。本当に私が書いたもの？　現在の筆跡とはまるで似ても似つかない。あの頃はこういう丸文字ってやつが流行っていたのだ。放送委員会に所属していた私が、お昼の放送でかけた曲のリストがメモされている。QUEEN にビリー・ジョエル、THE BLUE HEARTS。今と趣味が変わらないな。

カレンダーには「期末テスト」「ジャージ登校の日」などの事務的な書き込みと並んで「ツアー初日」「発売日」「稲葉さんの誕生日」といった文言が。ん？　稲葉さん？　その瞬間、一気に記憶が蘇った。そうだ、あの頃B'zに夢中だったんだ！　音楽誌を毎月チェックして記事をファイリングしてた。予約済みのライブビデオが入荷した日には雨の中張り切って自転車で受け取りに行ったんだ。次のツアーに行きたいと母に言ったら「高校生になるまでダメ」と反対され、泣く泣く諦めたことも。どうせ行けないのに「ツアー初日」なんて手帳に書き込んだのは、よっぽど悔しかったからだろう。ああ、なんて懐かしい。なんて可愛い。あんなにも熱中していたのにどうして今日までほとんど忘れてしまっていたんだろう。

その生徒手帳だけを手元に残すことにした。

帰り道、車を運転しながら、発売日をメモしてあったB'zのアルバムをかける。長いこと聴いていなかったくせに口が勝手に口ずさむ。ギターソロのフレーズまで細かく覚えていた。12歳の私は学校が大嫌いで、住んでた街も大嫌いで、早くこんなところ出ていくんだとそればかり夢見てた。あの背伸びした気持ちとこの音楽が、しっくりきてたのかもしれないな。憧れていたお兄さんたちは今や還暦間近で、だけど輝きを更新し続けている。私はどうかな。やっぱりあの頃より今の自分のほうが好きだ。

私も25年間歌ってきたけれど、ファンの人たちにその年月を隈なくすべて知って、すべてを好きでいてほしいなんて、これっぽっちも思わない。ひとりひとりの人生に、その人にしか価値のわからない特別な思い出と私の音楽がリンクして、大事な存在になってくれてたら、それがたとえ1曲だけだとしても充分に光栄だ。忘れた頃に引き出しの奥から引っ張り出してくれたなら、再会はきっと感動的なはず。それは他の誰にも邪魔できない濃密な関係で、過去の自分そのものが語りかけてくる瞬間。満腹。

MANPUKURON 157

おじさんへ。

21年4月

おじさん。ああ、なんてことでしょう。あなたにお伝えしたいことがあるのにお名前もわかりません。お世話になったのに、もう二度とお会いできないかも。今日は世界でただひとり、おじさんのためだけに満腹論を書きます。

あなたをお見かけするようになったのは2年くらい前からでしょうか。私の住んでいるマンションで週に数回、清掃員として働いていらっしゃるその姿。何故あなたに注目するようになったかというと、ふたつの理由があります。ひとつは、ものすごーく感じが悪かったから。そしてもうひとつは、ものすごーく仕事が完璧だったから。

大きな声で挨拶をしても、あなたから返事が返ってきたことは一度もありません。「ゴミ出すの遅くなってごめんなさい、ここに置いていいですか？」と質問したときには、かなりぶっきらぼうに「置いとけ！」と背を向けたまま言われました。私が近づく気配を察しただけで、サッと壁の向こうへ隠れてしまうこともありましたね。どうしてそんなに無愛想なのかと訝しんだことも、正直あります。

ところがある時、重要な事実に気づきました。あなたが出勤している日はマンションの敷地の隅から隅まで、特別に美しい。いえ、他の清掃員の方の仕事ぶりに何の不満もないのですよ。でも朝玄関を出て駐車場まで歩く間に、今日はあなたが担当した日かどうかがすぐにわかってしまう。そのくらい床も壁も窓も柱も磨かれていて、集積所のゴミはまっすぐに整然と積まれているのです。

それだけではありません。毎朝ラジオの生放送のため朝4時半に出勤する夫が、あなたがその時間にはすでに来て作業を始めている様子も見ていました。清掃員さんの仕事開始は7時頃のはずです。誰かに言われてできることじゃない。あなたご自身がとても几帳面で、完璧主義で、清潔を愛する人なんだと思いました。無愛想なのではなく、ただとんでもなくシャイな人なんだと理解し、あなたを見かけても黙っているようにしたんです。そして今まで以上にゴミの出し方も丁寧に心がけました。ささやかな感謝の行動のつもりでした。

でも最近あなたが担当を外れたことと、その理由を聞き、大変落胆しました。住人の中にはあなたの態度が怖いとクレームを入れた方がいて、別の建物に異動したそうですね。自分の家から出た重くて生臭いゴミの袋を誰かが夜明け前から運んでくれていること、想像せず暮らしている人もいます。だけど私だけでなく住人のほとんどは、あなたのプロフェッショナルな姿勢を知っていたし、心から感謝していたのです。

管理会社さんにあなたへの言伝を頼みましたが、届くのでしょうか。クレームは矢のように容赦なく届いてしまうのに、感謝や喜びは漂うだけ。あなたに無視されても、もっとありがとうと口に出せばよかった。今はどこであなたの素晴らしい才能を発揮しておいでですか？　不器用なあなたが傷つかない場所で、納得のいくまでお仕事ができる穏やかな日々であるように願っています。

MANPUKURON 158

ヒカルくん

21年5月

友人の長男（4歳）がある日突然こんなことを言ったらしい。

「あのね、ユナちゃんて知ってる？ マアヤみたいに可愛いんだよ」

ユナちゃんというのは幼稚園で同じクラスの女の子のこと、そしてマアヤというのは他でもないこの私、坂本真綾のことを指している。

彼は物心つく前から私のライブDVDを繰り返し見て育った。音楽に興味を持ってほしい、できれば楽器もやらせたいといった親の思惑もあって。最近のお気に入りは2017年に世界遺産・嚴島神社で公演したときのアコースティックライブの映像だそうで、特に彼はパーカッションの演奏に興味を持ち、真似しておもちゃの太鼓を叩いたりしながら楽しんでいると聞いていた。しかしまさか、私のことを「可愛い」という感想とともに見ていてくれたなんて知らなかった！ 友人も、息子がはっきりと女の子を意識したような発言をしたのは初めてだったので、ちょっとびっくりしたらしい。まだ4歳なのにおませさん、と思ったけど、考えてみれば私も幼稚園のときにはもうクラスで気になる男の子がいたことを思い出した。人間ってまだ4年しか生きてなくても、各々好みのタイプやこだわりがあるものなのね。

私が初めて意識した男の子は、ヒカルくん。幼稚園の年中のクラスで一緒だった。私もヒカルくんも背の順で並んだときに一番前だったので、いつも隣り合わせになるのがなんとなく嬉しかった。彼はどっちかというとおとなしくて目立たないタイプだったし、一緒に遊んだりおしゃべりした記憶はない。でもどういうところに惹かれたかは、今でもはっきり覚えてる。それは髪の毛だった。たぶんお母さんが切ってくれてたんじゃないかな、フィギュアスケートの羽生結弦選手の幼い頃のようなお椀スタイルだったんだけど、とにかくサラッサラで、天使の輪みたいにキューティクルが光ってた。日本人離れした白い肌と栗色の髪が、どこか絵本の中の王子様みたいに見えたのかもしれない。彼の声も、顔さえも、よく覚えていないが、太陽の下でなびく髪の毛のことだけは、不思議なくらい鮮明に焼き付いている。

　母親にヒカルくんのことを話したら、翌日にはもうヒカルくんのママにそのこと喋っちゃって、なんて口が軽いんだと憤慨したことも覚えている。バレンタインには母のほうが張り切ってチョコを用意してくれたりして。私にとってはまだ初恋と呼べるほどのものではなかったけど。母親は娘が初めて男の子の話をしたのが微笑ましくて、なんかウキウキしてたのかも。

　しっかし、友人の息子が、私を女として見ていたとはね！　ありがたや。ちなみに友人によると、後日噂のユナちゃんがどんな子か偵察してみたところ、なるほど確かに〝真綾みたい〟の言わんとするところはなんとなくわかる、どこか似た雰囲気のある子だったそうだ。ユナ、きっといい女になるわ。満腹。

MANPUKURON 159

ワンプレート40代

21年6月

　歌手デビューした25年前、私は高校生だった。当時の記憶を再生するとどの場面でも朗らかな笑い声がする。自分の、友達の、家族の、仕事の場で出会った誰かの笑い声。あの時代を食べものに例えるならもう、いちごパフェだな。掘っても掘っても甘い。

　20代は怒涛。遅れてやってきた私の反抗期。生意気だった。しかし社会に出て人生初といってもいい大きな挫折を味わって一度完全にぺしゃんこになった。当時は苦しかったけど今では有難さしかない。例えるなら真夏の辛口カレー。食べてるときは辛いけど、食後は不思議と涼しくさわやか。

　20代後半は、もはや食べものにさえ例えられない空腹時代。認めてほしくて、満たされたくてたまらなかった。30代に入るとだんだん雲が晴れ、やっと自分の人生を自分の足で踏みしめて歩いている実感を得るように。だから30代以降の人生は彩り豊か。大好きな人たちと集まって、青空の下ワイワイバーベキューしてるみたい。

　さあ40代。仕事は今が一番楽しい。楽しいというのはつまり難しいということ。やればやるほど難しい。定番レシピを練り直しアレンジレシピの試作をするような、探求の時代だ。そして40代は、これまでのように恋愛より友情より家族より睡眠より何よりも仕事を最優先にしてきた生き方とは、違う生き方がしてみたいという願望がある。仕事の深みがわかってきた今だからこそ仕事以外の充実が肝になってくる気がするのだ。プライベートが和食なら仕事は洋食、まったく別ものだから同時には味わえないときっぱり分けて考えてきたけど、そろそろ融合させられるときかも。私の生活というひとつのお皿の上に、大事なものがバランスよくのっていて、どれがメインでもサブでもない。和でも洋でもスイーツでも、好きな順番で食べればいい。そんなオリジナルのワンプレートは万人にウケるメニューじゃないかもしれないが、自分にとっては最高のご褒美なんだと胸を張って言えるなら、それが究極の幸せってやつじゃないか。

少し話が逸れつつも、同じカテゴリーの問題がひとつ。最近「41歳になりました」と発言すると「見えない！」と言われることが多い。反射的に喜んだあとで、どんより不安がよぎる。私はこれから先、外見的に若く見えることに固執する人生は送りたくない。人間だもの、誰だって老いる。それを否定することは川の流れに逆らってボートを漕ぎ続けるようなもので、めちゃくちゃ疲れそうだ。そこに重点置きたくはないんだよ、ってそう言いながら、私だってこれから白髪が増えたら染めるのかも。一体誰のため？

誰の美の価値観に合わせて？やっぱり心のどっかで、万人ウケのメニューで安パイをとりたい自分もいる。理想の40代オリジナルワンプレートメニュー開発は、自分好みと他人好みのせめぎ合い、あっさりとこってりのバランスがポイントになりそうだ。かなり難しい。でも、あと9年あるからきっと完成させる。満腹。

40代ってこんな感じ?! アボカドとラム肉のワンプレートごはん

〈材料〉
ラムチョップ・・・2本（脂身に切り込みを入れる）
A塩・・・小さじ1／3
クミンシード・チリパウダー・・・各小さじ1／2
オリーブ油・・・大さじ1
にんにく・・・1／2かけ（すりおろし）

ソース
Bミント・・・1／2パック
パセリ・・・2枝（葉先をちぎる）
オリーブ油・・・1／4カップ
くるみ・・・20g
アンチョビ・・・2枚

Cレモン汁・・・大さじ2
水・・・大さじ1
赤唐辛子・・・1本（種を除いて輪切り）
にんにく・・・1／2かけ（みじん切り）
ナンプラー・・・大さじ2
砂糖・・・小さじ1

アボカド・・・1個
ごはん・・・2杯分（300g）
香菜・・・3株（葉先をちぎる）
紫玉ねぎ・・・1／4個（薄切りにし水に5分さらす）

〈作り方〉

1. 切り込みを入れたラム肉に混ぜ合わせたAをよくもみ込み、1時間ほど置く。長く置いてもよいがその場合は冷蔵保存し、焼く1時間前に常温に置く。
2. フライパンを熱してそのまま中火で両面を2分ずつ焼き、アルミ箔に包む。グリルを中火で2分ほど温め、火を止めてアルミ箔に包んだラム肉を入れ余熱で火を通す。
3. アボカドは皮に縦に切り込みを入れ、皮と種を除き、3cm角に切る。BとCのソースをよく混ぜる。ごはんを器に盛る。
4. ごはんの上にアボカドと香菜、紫玉ねぎ、ラム肉をのせ、ソースをお好みでかけていただく。

〈坂本真綾コメント〉

まだ40代前半の段階で、このワンプレートが決定版！というわけではないのですが、とりあえず今の段階で感じている40代という時代の雰囲気をお料理に例えるなら……というイメージで、このワンプレートに辿り着きました。簡単にいうと私の好物を詰め込んだかたちです。これからまだ進化するであろう40代。さらにどんなものがこのプレートに追加されるのか、楽しみです。

MANPUKURON 160

陽だまり

21年7月

２０２０年4月、新型コロナウイルスのため日本全国に初めての緊急事態宣言が発令され、私も毎日家にいるしかなかったあの時期に、ふわりと届いたすてきなお手紙。そこには生まれたばかりの音楽が添えられていた。

送り主は私の敬愛するアーティスト、冨田恵一さん。本当はこの年の5月、冨田さんのライブにゲスト出演する予定だった。でも中止に。そこで冨田さんはそのステージに立つ予定だったシンガーたちを誘ってわくわくするような提案を投げかけてくれたのだ。新しい曲を書いたからそれぞれの場所で歌をレコーディングして送ってほしい、と。それを冨田さんがミックスして完成させ、翌週ラジオ番組の中で紹介するという計画だ。なんて嬉しいメッセージ。音楽への、つまり日常への招待状。不安も空腹も眠気もすっかり吹っ飛んで、ふつふつと力が湧いてくる。添えられていた書き下ろしの楽曲のタイトルは「MAP for LOVE」。

偶然にも我が家のマイクは最近ちょっと良い品に新調したばかり。素晴らしいタイミング！即座に作業にとりかかる。午前中の柔らかな光が射し込む部屋で、椅子の上にあぐらをかきながら歌い始めると、スタジオでのレコーディングとはまた違った開放感。そういえば、私しばらく歌を歌うことも忘れてた。

冨田さんのリクエストはメロディパートの収録のほかに、コーラスパート2本、サビのオクターブ下のパートも2本、さらにアドリブでフェイクを入れたパートも録音してほしいとのこと。結構大変。それでも冨田さんが喜んでくれる姿を想像しながら何度も何度もテイクを重ねていく。防音設備が整ってるわけではないのでせっかくいい歌が録れているときに窓の外から近所の子供の笑い声が入ってしまったり、うちの犬が鳴いたり、ピンポーンと玄関の呼び鈴が鳴ってしまったり。そんな、いつもならノイズと捉えるような余分な音が、今はなんだか愛しくて削除できない。まるで音楽の一部みたい。なんてことを考えているうちに部屋が暗くなってきたことに気づいて灯りをつけた。太陽が沈んでく。夢中で時間を忘れるって、そんな感覚も久しぶりだった。真夜中にやっとすべてのデータを冨田さんに提出して、ミッション達成。

　数日後、すべてのシンガーの声がミックスされ完成した「MAP for LOVE」は、涙なくして聴くことのできない感動的な一曲に。声が重なるって、ものすごいエネルギー。顔を合わせることもできないままみんなバラバラの場所で歌ったのに、肩を並べ微笑み合っている姿が目に浮かぶようだった。

　今年改めてリリースされたこの曲を1年ぶりにじっくりと聴きながら、なーんか良い匂いがするなあと思ったら、お日様の匂いだ。窓辺で夢中になって歌を録ったあの日の、あったかい陽だまりの匂い。記憶と音楽が結びついているみたい。いつか本当の日常が戻ってきて、仕事ができることの有り難さも忘れて愚痴を言いそうな日が来たら、この曲を聴いて、子供のように夢中で歌ったあの陽だまりの中に帰ろう。満腹。

MANPUKURON 161

ショートカットになって

21年8月

すっかり眠りに落ちていたところを耳慣れないベルの音で叩き起こされた。時計を見ると午前0時40分。音は、窓の外から。目覚まし時計を何倍もけたたましくしたような不快な音。やむ気配がない。寝ぼけていた頭がだんだん冴えてきて、これって非常ベルじゃないかしらと思い当たる。年に数回、マンションの点検作業のときにだけ耳にする音だ。まさか火事？　窓を開けると、同じように窓を開けたりドアから半身を乗り出している住人の姿が目に入る。だけど大声が飛び交うということもないし、煙も出ていないみたいだし、緊迫感は伝わってこない。誤作動だろうか。万が一ってこともあるし、一応状況を確かめにいかないと。

私は寝巻きの上にロングカーディガンを羽織って玄関を出た。階段も通路も非常ベルが一斉に鳴っていて、あまりにもうるさい。私と同じように寝巻きのままで住人の多くがエントランスに集まっていた。「何があったんでしょう」と話しかけると、どなたかが間違えて非常ボタンを押してしまったのが原因で、緊急事態ではないとのこと。ひとまずホッとしたが、ベルを止めることができる業者さんの到着までは30分以上かかるという。

自宅に戻り、ふと鏡に映った自分を見て愕然とした。

寝癖!!

そんな形になります？っていう激しい寝癖。ちょっと待ってくれよ、この状態で私さっきご近所さんとお話ししてたっていうの？　むしろ私の爆発した頭を見て火事だと勘違いした人がいたんじゃないかしら。はー、恥ずかしい。何しろショートカットにしてまだ日が浅く、私も慣れていない。髪を切ったら楽になると思ったら大間違いで、毎朝寝癖に悩まされている。

こりゃ非常用持ち出しグッズに新たに帽子を加えておかないといけないかな……。実際に避難するような有事の際には見た目のことなんか構っていられないだろうけど、もし避難所での生活が長引いたりしたときのことを考えるとやっぱり必要なのでは。なーんて呑気な心配しちゃって不謹慎だろうか。でも災害の多い我が国では備えあれば憂いなしなわけで。世の中のショートカットの先輩方はどうなんだろう、同じように避難グッズに帽子入れている人ってどのくらいいるの？　寝床に戻ってからもそんな間抜けなことを眉間にしわ寄せて真剣に考え続けているうちに、ようやく非常ベルの音が止まった。

今年3月のライブのために切った髪。続くコロナ禍で、頑張っても耐えても、前進しているって実感を得難いこのご時世。そんなときでも私の歌を聴くために、不安や緊張を抱えながらも会場へ足を運んでくれたお客さんひとりひとりを、ステージが始まったその瞬間から魔法にかけたかった。出口が見えなくても、毎日同じ繰り返しのように思えても、今日は昨日と同じじゃない、今日こそは何か新しいことの始まりだって、信じてほしくて。私も信じたくて。たかが髪を切っただけでしょと言われるかしら。でもそこにいた私と彼らにとっては、ささやかな変化も大きな希望になり得たと思う。寝癖は煩わしいけど後悔はしていない。満腹。

MANPUKURON 162

私より年下になった先生へ

21年9月

小学校3年生のときの担任の先生はいつも不機嫌だった。怒ると口調が乱暴になり「お前らいい加減にしてくれよ!」と叫ぶ。ワンレンの髪をかき上げながら眉をひそめるその表情も、ヒステリックな声も、忘れたくても忘れられない。国語の授業で私が書いた作文についてものすごく意地悪な言い方で批判されたことはずいぶん長くトラウマになっていたし、普段まったく笑わない先生が授業参観のときだけ顔面に笑顔を貼り付けていたのも怖い体験だった。初めて目の当たりにする理不尽な大人。はっきり言って大嫌いだった。私の暗い思い出のひとつ。

彼女は休み時間になると、ひとり、腕を組んでぼーっと窓の外を眺めていることが多かった。眉間にしわを寄せ、何かを凝視しているような、何も見ていないような顔で。私たちは誰も自分から先生に話しかけにいくことはなかった。触らぬ神に祟りなし。だから私も彼女のことを何も知らない。出身地も家族構成も趣味も、彼女のパーソナリティについては何ひとつ。あんな顔で窓の外を見つめながら、毎日一体どんなことを考えていたのだろう。33年も経ってなぜか今、あの先生のことをもっと知りたかったなんて、思ってる。

当時の先生はきっと現在の私よりも年下だ。30代半ばくらい。ため息まじりに話す姿は、今思い返してみると必死に力を振り絞っていたようにも見える。何かあったのかなあ。体調が悪かったとか、仕事が辛かったとか、あるいはもっと深刻な、何か私たち子供が知るすべもないような事情が。先生と呼ばれる仕事をしている人だって人間だもの、調子の悪いときはあるよね。人生って大変だもんね。そんな想像ができるようになった今、あの人はもう私の暗い思い出の中の住人ではなくなった。

　あの人の過去も、その後も、私は知らない。先生の人生のたった1年間しか見てないのに人格を全部否定して、過去に縛りつけたらいけないような気がして。でもそれって、半分は自分への言い訳かも。私も誰かに対して意地悪なことを口にしたり、失礼な態度をとったことがなかったわけじゃない。時々過去の自分のそういう過ちを思い出すことがあると、もう謝る機会もない相手に心の中で詫びながら、できれば忘れてくれていますようにと都合よくも願う。その人の中ではいつまでも「嫌な人」として記憶に残っているのかな。それが

当然の報いなのかな。それでも私が先生を許したように、私も誰かに許してほしいのかも。

　先生。人は死ぬまで学びながら、改善できるところを改善しながら、生きていくんですね。あの頃の先生も一生懸命もがきながら、まだまだ若かったんだと思うと、今ではちっとも憎くない。むしろ抱きしめてあげたいくらいです。あなたは覚えていないでしょうけど、私の作文を辛辣に否定されたこと、ずーっと根に持っていましたよ。考えてみれば、おかげで私は文章を書くことを仕事にできたのかもしれません。おもしろいですね。満腹。

MANPUKURON 163

お土産を置いて

21年10月

今年、お世話になった方がまたひとり先に天国へと発たれました。数多くの海外作品の日本語吹替版を手がけてきたディレクターさんです。長く第一線で活躍されてきた大御所ディレクターと私は思っていましたが、亡くなられた時に年齢を知って驚きました。まだ還暦前だったのですね。いえ、決して老けて見えたということではありません。昔からあまり変わらなくて、年を取らない年齢不詳の方でした。大御所といったイメージはおそらく彼がとても厳しくて、怖～い演出家として有名だったからだと思います。役者同士の飲みの席などで話題にのぼる〝名物ディレクターの伝説エピソード〟などでは必ずお名前があがりました。どんな怖～いダメ出しをもらったか、それにどうやって対処したか、みんなまるで武勇伝のように語り継いでいます。

現場では確かに、ときどき大きい声が飛びました。昔気質の強い口調はありましたけど、人一倍作品を愛するがゆえの鞭だったように思います。ある時、あまりにも何度もやり直しをくらっている若い俳優さんがいました。たった一言のセリフですがいつまでもOKを出してもらえません。しまいには「お前はそれでいいのか」「考えることをやめたら負けだからな」と、芝居というより人生そのものへのダメ出しが始まり、今にも泣き出してしまうんじゃないかとヒヤヒヤしながら見守っていました。なんとか嵐に耐えてやり遂げたので、休憩中にその子に「大変だったね。でもあんなに言ってもらえるのは可愛がられている証拠だよ。きっと成長を信じてもらっているからなんだよ」と励ましました。すると「でも私、あの方には今日初めてお会いしたんです……」と。まじか！　初対面の新人を、まるで愛弟子に接するような全力のエネルギーで追い込んでいたのかと思うと、怖いというよりも逆に真面目さや熱血さがスポ根みたいで笑ってしまいました。怒鳴られることにあまり免疫のない若い人は萎縮してしまうかもしれませんが、おっしゃってることはまったく理不尽ではなかったのです。作品をよく理解しているからこそできるダメ出しでした。怖いけど、率直に向き合ってくれる信頼できる人、時間をかけて大事に仕事をする真摯な人でした。

　33年前から声の仕事を始めましたが、昔はもっともっと怖いディレクターさんがいっぱいいました。時代が変わり、今ではそういう人はいません。現役の〝怖い〟ディレクター、その最後のひとりがこれでいなくなってしまった。若い時に怒られたことは、その時はただ辛い出来事だけど、何年も経って急に有り難く思える時がくるものです。理不尽に責められたことと、本当に意味があって注意されたことの区別ができるようになる。

　訃報を聞いた瞬間、たぶんたくさんの役者が過去にコテンパンに怒られた時のことを真っ先に思い出したでしょう。そしてその後で、ものすごく寂しく思ったはずです。一生物の貴重なお土産を置いていってくださいました。感謝。

MANPUKURON 164

自販機のハンバーガー

21年11月

テレビのニュース番組に映し出された映像に目が釘付けになった。神奈川県にある〝自動販売機の聖地〟として有名な場所で、レトロ自販機のひとつが何者かによって壊されたという。

それは35年ほど前に製造されたハンバーガーの自販機で、コインを入れてボタンを押すと加熱が始まって1分後に熱々のハンバーガーが出てくる。今では同じ部品が用意できず、元通りに修復できるかどうかわからないのだとか。機械正面のディスプレイにはコック帽を被った白い髭のおじさんとハンバーガーのイラスト、その横に「ほっかほか」と文字が入っている。そのおじさんの顔を見た瞬間、一気に蘇ってきた記憶と味。私が子供のころ通っていたスイミングスクールに置いてあったもので間違いない！はずだけど、ずいぶん古ぼけているなあ。一目見て昭和生まれとわかるデザイン、確かに「レトロ」という表現には合っているが、私の記憶の中のそれは最新鋭のハイテク機械だったはずなのに。

まさに35年前、小学校1年生のときに通い始めたスイミングスクール。その初日には母も一緒に来てくれた。レッスンが終わって母の待つ待合ロビーへ行くとこのハンバーガー自販機を発見。興奮して買ってくれとせがむと、いつも財布の紐が固い母が抵抗しながらも渋々OKしてくれた。ワクワクしながら1分待つとコロンと出てきた箱。箱を開けると、紙に包まれたハンバーガーが！ほっかほかどころか親の敵かってくらい熱い。それを一口食べたときの感動は今でも鮮明に覚えている。思ったより小ぶりで、シワシワのバンズにモソモソした肉、ケチャップがはみ出て食べにくくて、それなのになんだかとってもおいしかった！　今の私にはレンジで温めるだけなのだろうとわかるが、当時の私の想像ではこの自販機の中にピタゴラスイッチみたいに精巧な仕掛けがあって、歯車がぐるぐる回り、映画「バック・トゥ・ザ・フューチャー」に出てきた自動朝食マシンのような流れ作業で肉を焼いてパンで挟んで、全自動でハンバーガーが完成するのだと思い込んだのだ。だからこその浪漫の味だった。最新鋭の食べ物を食べながら、きっとこの延長上にタイムマシンとか、空飛ぶスケボーが実現する未来があるのだろうと想像が膨らんだ。

　その後7年間休まず通い続けたスイミングスクールだったけど、結局このハンバーガーを買って食べることができたのは2、3回程度。私のお小遣いではしょっちゅう買えるような値段ではなかった。大人になったら好きなだけ食べられると思ってたのに、大人になったころにはもうハンバーガー自販機がレトロでレアな存在になっているなんて。今でも高速道路のサービスエリアで必ず自販機「コーヒールンバ」でコーヒーを買って、ミル挽きからドリップしてフタをつけるまでの一連の映像を食い入るように見てしまうのは、やっぱりなんだかSFチックな浪漫を感じるからなのだ。満腹。

MANPUKURON 165

刺繍

21年12月

歌詞集「刺繍」を発売します。デビューして初めて作詞に挑戦した作品から、最新発表曲まで、全130曲分。25年の間に書き残してきた足跡をまとめた一冊です。

ところで種類が豊富なサラダバーで有名なアメリカ生まれのファミリーレストラン「シズラー」をご存知ですか。私は野菜がいっぱい食べたい時などに好んで訪れます。シズラーではお会計の際に必ずハッカ味の飴と小さなアンケート用紙が手渡され感想を求められます。私は毎度必ず数行のコメントを書いてお返ししますが、いつ行っても他にアンケートを書いて提出しているお客さんを見たことがありません。なんでみんな書かないんだろう。

紙とペンを渡されたらいつだってワクワクしてしまう。子供の頃から。作文の課題を出されるとクラスの子がいっせいに「え〜」と不満そうな声をあげていたけれど、私は嬉しかった。算数みたいに答えがひとつじゃないんだし、自由に書けば正解なのにどうしてみんな嫌いなの?と。国語の授業の時だけでなく、私の担任の先生はどの教科のテストの時でも、時間が余ったら回答用紙の裏は自由に何でも書いて提出して良いと言っていたので、私は最近読んだ本のことやテレビで観たこと、家族の話など自由にエッセイを書いていたのです。もちろん点数には反映されませんが、先生はいつも大きなマルをつけて返してくれました。絵を描くのが得意な子は絵を、クイズが好きな子は先生に問題を出していたし、他の子の悪口を書いたりする子もいました。どんな場合でも先生はバツをつけず、何か感想をひとこと書いていたと思います。コミュニケーションの場と考えていたのかもしれません。当時はあまり深く考えていなかったけど、今思えばそのときの経験は文章を書くことが好きなんだと自分自身で気づける原体験になったような気がします。

　日記も手紙もよく書きました。日記は誰に見せるものでもないからダラダラと思いを吐き出し、手紙は相手を少しでも楽しませようと顔を思い浮かべながら綴るもので、それぞれ違った楽しさがありました。学生時代は劇場にお芝居を観に行った時はアンケートも必ず記入して投書していました。自分が舞台に立つ側になってからは書いていません。なんとなく、純粋なお客の視点ではなくなったような気がするから。

　とにかく、そんな私が作詞という表現に出会ったのは、偶然だったけど必然でもあるような、不思議な縁でした。だけど思いをただ吐露する日記とは違い、親しい人だけが読み手となる手紙とも違い、何千字も埋める作文とも違って、作詞をする時のペンはそう簡単には進みません。限られた字数の中、メロディに半分力を預けながら、年齢も時代も国も違う場所で見知らぬ人が受け取るかもしれない言葉を慎重に探していく。難しくて、だから好きです。拙いながらもペンを手に歩み出した10代の頃の自分を眩しく振り返りながら、自分の現在地も確認できた、そんな歌詞集となりました。満腹。

MANPUKURON 166

1996年

22年1月

岐阜の実家の大掃除を手伝ってきた夫が「懐かしいものを見つけた」といくつかの品を持ち帰ってきた。子供の頃に飼っていた犬の写真や思い出の食器に混じって、一冊の雑誌が。それは１９９６年に発行されたアニメ誌だった。25年も前のものとは思えないくらい状態の良いもの。彼がデビューするアニメ作品についてのほんの小さな記事の中にチラッと名前が書いてあるだけなのに、両親はわざわざこの本を買って一冊まるごと大事にとっておいたのだろう。声優なんて仕事がどんなものなのかよくわからないながらも、息子の夢ならばと遠くから見守っていたんだな。夫は子供の頃喘息で入退院を繰り返していたという。生死の境を彷徨ったこともあると義母が何度も話してくれた。だけど不思議なことに彼は東京に出て自立してから一度も発作が出ずに今日まで過ごしている。医学的なことはわからないけど、彼のように環境やメンタルの変化がきっかけで症状が良くなる例はあるらしい。私から見ると太陽のようにいつも元気なのが夫だけれど、両親にとっては病弱だった少年時代の印象が今も強い。新婚旅行でトルコに行った写真を送ったときには「あの子がこんなに遠い国まで旅行に行ったりできる人生になるとは思わなかった」と涙を流した義母。昔の雑誌をめくりながら、親心に思いを馳せた。

その後で、「うわー◯◯さん若い！」とか「このファッション懐かしい！」なんて先輩たちの25年前の姿にひとしきり盛り上がる。96年といえば当時高校生だった私もテレビアニメのヒロイン役に抜擢され主題歌で歌手デビューした、ちょうどその年だ。急に雑誌の取材を受ける機会が多くなって非常に戸惑ったこともよく覚えている。私たち世代は現代の若者みたいに被写体慣れしていなかったし、あの頃はいちいちスタイリストとかヘアメイクとかつけてもらえなかった。それどころか、プロのカメラマンではなく編集者の方が撮ることも多かった。私は学校で朝から体育だの部活だの散々やった後に仕事に行き、ボサボサのすっぴんでカメラの前に立たなければならなかったりして、すごく嫌だったなあ。こうして見ると先輩たちも明らかにセルフメイクのセルフスタイリングだし、かなりリラックスして素の表情を惜しみなく見せている。まるで仲間内で撮り合った写真みたいで、なんだか貴重。いかにも90年代的な丸くてカラフルなフォントと相まって、

失われたおおらかな時代って感じだ。
読者からのおたより紹介ページには文通相手募集の投稿コーナーが。なんとそこには堂々と住所と本名が記載された上で「アニメやゲームが好きな人、お手紙ください」なんてコメントがずらり。無防備！　今では信じられないような方法だけど、SNSのない時代はこれがスタンダードだったよね。
歌手活動25周年を振り返って変化はありますか、と聞かれると「あんまり大きく変わってない」と答えがちな私だけれど、いやいや、いろんなことが大きく変わってました。満腹。

MANPUKURON 167

お弁当が足りなくて

22年2月

「学生時代お弁当に入っていると嬉しかったおかずは何ですか？」

って聞かれました。え、なんだろう。皆さんはすぐ思いつきますか？　私、高校生のときは毎日お弁当持参だったのですが、作ってくれていた母には本当に申し訳ないことにどんなものが入っていたか記憶がまったくありません。唯一はっきりと覚えているのは「足りねえ」と思っていたことだけです。

　高校生といえば食べ盛り育ち盛りのお年頃で、食欲旺盛は健全なことだったと思います。でも、お昼ご飯は友達と円になって座って一緒に食べていたので、こぢんまりとした可愛いサイズのお弁当で満足している彼女たちの中でひとりだけでっかいお弁当を出すのは恥ずかしく、母に「足りない」とは言えずに我慢していたのでした。

　でも2年生になってからはいよいよ我慢もできないし羞恥心も薄らいできて、私は2限目終わりの休み時間にお弁当を食べてしまう、いわゆる「早弁」の常習者になっていました。前の席の女の子〝青ちん〟に「ひとりだと恥ずかしいから食べ終わるまで見ててくれ」とわがままを言って毎日付き合わせていたんです。青ちんには今でも「真綾といえば早弁だよね」と言われます。40過ぎても、真綾といえば一番に出てくるキーワードが早弁なんです。切ないです。

　なんで昼休憩まで我慢できないのか我ながら不思議でした。だって朝ご飯はしっかり食べてから来ていたのに。しかも、ヤマザキのイチゴスペシャルってご存知ですか。でっかい半月型のスポンジ生地にクリームが挟んであって、1個で500キロカロリーはする菓子パンです。これを好んで食べていました。その3時間後にはもう空腹で耐えられなかったわけです。

で、昼休憩にはちゃっかりお昼ご飯も食べます。購買部でピザトーストとチーズドッグとカステラを買い、砂糖たっぷりのミルクティーと合わせて。このピザトーストは争奪戦で早く行かないと売り切れてしまいます。4限目が終わったら即座に教室を飛び出し、友達と走って階段を駆け降りて購買部に向いました。4限目が体育などでどうしてもすぐに向かえないときは、隣のクラスの子にピザトースト買っといてくれと頼んでいたくらい必死でした。

　放課後は友達とのおしゃべりに何時間も費やすので、おやつが必須です。コンビニでみたらし団子やスナック菓子を買ってきて教室で過ごすこともあったし、マクドナルドでバーガーやポテトを食べることもありました。夜になりもう夕ご飯の時間だねと解散して、帰宅したら母の手料理を普通に一食分たいらげる。
　本当に一日中、食べていた。ハイカロリー、高脂質なものばかりを見事に選んで。今の私からは考えられないくらい乱れた食生活。だけど好きなものだけ自由気ままに口にしていた時代を羨ましくも思います。毎日が刺激的で生きてるだけで莫大なエネルギーを消費できた、10代の肉体と魂の成せる技。あんなワイルドで刹那的な生活はもう二度と送れないのだろうな。満腹。

MANPUKURON 168

バウムクーヘン

22年3月

　交差点で信号待ちをしているとき、いつもならちょうど正面に見えるはずのあの店がなくなってるのに気がついた。工事中の大きなフェンスに囲まれて、何か大きなビルでも建てている最中のようだ。あそこには小さな洋食店があったのに。私が子供の頃所属していた児童劇団の近くで、レッスンの後に恩師の先生がよく連れていってくれた店が。無口なマスターと朗らかな奥様、若い夫婦の営むこぢんまりとしたお店。素朴で親しみやすい雰囲気だけど味のほうは本格的で、チキンソテーやカニクリームコロッケが私のお気に入り。常連だけが知る裏メニューはパンの耳で作ったガーリックトースト。これが子供たちに大人気で。みんなでワイワイ取り合いになりながら食べた。その店が忽然と姿を消している。信号が青になって左折すると、なんだか猛烈に寂しさが襲ってきて涙が出そうになった。最後に訪れたのはいつだったろう。少なくとも10年以上前だ。この道はしょっちゅう通りかかるから、黄色い看板を見ては懐かしんでいた。いつも気にしていたのになぜあの鈴のついた扉を開けて席につこうとはしなかったのだろう。時が流れて大人になってもこんなに愛情を感じていると、マスターや奥さんに伝えればよかった。コロナ禍で飲食店は大変な苦境に立たされてきただろうから、もしもそのような理由での閉店であるなら悔しい。でももしかしたら、改築されたビルの1階にまた同じ店が入るのかも。そうであってほしい。

　先生がとってもグルメな人だったからおかげで私も幼いときから外食の機会が多かった。赤坂のサンドイッチ屋さんに原宿の紅茶屋さん、新宿のイタリアン。あの頃、先生と一緒に通ったお気に入りの店のほとんどが今はもうない。東京もどんどん街並みが変わってしまって思い出の場所は次々と消えてしまった。先生は80代後半に突入した今も健在で、ときどき連絡を取り合って近況報告などしているが、コロナ禍で2年以上会うことができていない。以前はどこへでも出かけていくアクティブな人だったけど、最近はあまり出かけていないみたい。あの店がなくなっていたことは、なんとなく黙っておこう。

もうこんな日は、バウムクーヘンを食べるしかないな。

渋谷駅前の商業施設、渋谷ヒカリエがあるところに、前は東急文化会館というビルが建っていた。映画館が入っていたり、最上階にはプラネタリウムがあったり。その1階部分にあったのがガラス張りのカフェ「ユーハイム」。先生とはよくここで待ち合わせしたのだ。学生ひとりでは入りづらい大人っぽい雰囲気の店に、先生と一緒だと堂々と入っていけるのが気持ちよかった。いつも紅茶とバウムクーヘンをオーダーした。あの頃からずっとバウムクーヘンは私にとって特別な、おしゃれで元気の出るおやつなのだ。ヒカリエの地下には今もユーハイムの小さな店舗が入っている。だけどカフェではなく、テイクアウトだけ。今日はそれを買うためだけに、遠回りをして帰る。満腹。

ベツバラ　数週間後、工事中のフェンスが取り払われると、そこには高層マンションが完成していました。その1階にはただエントランスがあるだけで、飲食店はありませんでした。ところが後日、隣街に移転したとの情報が。ネットで調べると、新しい土地でもすでにおいしいと評判で地元の皆さんに愛されているようです。ほっとした。今度、行ってみます。

MANPUKURON 169

夢の中へ

22年4月

ものすごく人気のパン屋さんがあって、パンを選ぶ間も客同士が押し合いへし合いするくらい店の中が大混雑していました。私もやっとお目当てのパンをゲットして、レジへと続く長〜い行列の最後尾に到着したその時、なんと横から3人の男子大学生とおぼしきグループが無理矢理列に割り込んで入ってきたのです。「私が先に並んでたんですけど」と注意したのですが、彼らはまったく気にしない様子でむしろヘラヘラと笑ってふざけているではありませんか。あまりにカチンときたので、レジに着くまで何分間も彼らの後ろから大声で口汚く罵詈雑言を浴びせ続けてやりました……という夢！　これは私が昨晩見た夢の話です。現実ではありません。起きた瞬間半泣きになっているくらい、怒りに我を忘れてしまう夢でした。

私、毎晩必ず夢を見るんです。しかもひとつではなく、一晩にいくつも見ます。ショートストーリーのオムニバス。カラフルで、時には感触もあって、不気味なほどリアルに感じるのです。毎朝起きると開口一番「疲れた……」と言ってしまうくらい、エネルギーを消費します。

他人の見た夢の話を聞かされるほど迷惑なことはないとわかってはいるのですが、今回の満腹論は私の見た夢の世界、つまり私の潜在意識の世界に皆様をお連れしましょう。

良い雰囲気の洋食屋さんを見つけたのでランチをテイクアウトしようと入店したら、奥から年配の気難しそうなシェフが出てきて「お客様のご自宅のエアコンに〝胸キュンモード〟は搭載されていますか？」と聞いてきました。「いいえ、多分ついてないと思います」

と答えると「それでは当店の料理をテイクアウトしていただくことはできません。味が変わってしまいますので」と断られてしまったんです。胸キュンモードって何ですか。

　今年のお正月に見た初夢は、犬や猫の保護施設でスタッフとして働く夢でした。たくさんの動物のお世話をしていたところへ「１匹逃げた！　捕まえて！」と誰かから声が飛んできて、慌てて探しにいくと、そこにいたのは犬でも猫でもなく、亀。しかも金色の甲羅が鈍く光る、大きな亀でした。慌てて抱き上げようと甲羅を掴むと、ぬるぬるしていてちょっと気持ち悪い。でもその亀を手に「どどど、どこに入れたらいいですかー！」と声を張り上げている、そんな夢だったのです。夢占いのことは知りませんが、なんか縁起の良さそうな初夢でした。

　ライブに向けて、私は初披露する自分で作詞作曲した新曲のピアノ弾き語りを猛練習していました。それがものすごく良い曲で、我ながら素晴らしいなと感動しながら弾いていたんです。

　で、目が覚めて夢だとわかった後もそのメロディを覚えていました。寝起きに慌ててスマホのレコーダーに録音し、忘れないようにメモ。その日の午後改めて聴き直してみると、なーんか聴いたことあるメロディだな。これあいみょんの曲じゃん。がっかり。

　と、毎夜毎夜こんな感じです。

満腹。

ベツバラ　はい出ました、夢シリーズ。また面白い夢を見たら書き溜めて、エッセイのネタにしようと思います。

MANPUKURON 170

菫

22年5月

赤信号で停車する。目の前のスクランブル交差点を、大勢の人が渡り始めた。右へ左へ、前へ斜めへ、複雑な軌道を描いて。だけど誰ひとりぶつかることはなく、それぞれの目的地へ向かっていく。フロントガラス越しに見るその光景はまるでスクリーンに映し出された映画のワンシーンのようだった。穏やかな日差し降り注ぐ火曜日の午後。何気ない平日の見慣れた様子に、改めて目を奪われる。東京という街には、なんて沢山の人間が暮らしているんだろう。

　行き交う人々の表情を追いかける。携帯を見たまま歩く人、小走りに急ぐ人、母親の後ろを弾むように歩く子供。友達と笑い合っているあの子は溌剌として幸せそうだな。あっちのご夫婦らしき二人は長年連れ添ったためだろうか、顔が良く似ている。ああ、こんなにたくさんの人がいるのに。なのにこの中に私の知り合いは一人もいない。誰も私の存在に気づくこともない。

　誰もが皆、私よりもずっと平穏な日々を送っていそうに見えて、少し妬ましい。だって今日の私はなんだかとても虚しい気分だから。自分の人生に足りないものや、理想と違う部分にフォーカスしてしまって、やりきれない気持ちでいるところだったから。そんな時にはガラス一枚隔てた向こうの世界が私だけを蚊帳の外に置いて、美しく回っているように見えるのだ。

　視点を切り替えたら、どっかで誰かが私のことを同じように見つめているのかもしれない。ぼーっとした顔の私を見て、あの人は悩みが無さそうでいいな、なんて思っているのかも。私が何を考え、どんな気持ちで今を生きているかなんて、誰にもわかるわけがない。他人からはわからないだけで「普通」の人間なんて、どこにもいないのかもしれないな。あの人もこの人も、誰にも言えずにいる悩みや、逃げられない運命があったりするんだろう。むしろそんなもの他人に悟らせまいと気をつけて暮らしているのかもしれない。

　全ての人間がそれぞれ違う人生の主人公。だからこそ寂しい。主人公の気持ちを知っているのは、スクリーンの向こうで全てを知っていてくれる観客だけ。でもスクリーンのあっち側とこっち側の世界は永遠に交わることはない。本当に全てを見届けてくれる観客のような存在は、現実には存在しないのだ。寂しい人間たちは群れを作り、狭い星にひしめき合って生きている。わからないことを、どうにもできないことを抱えながら、互いに温めあうように身を寄せる。それはとても健気で、逞しい生命力だと、愛おしく思う。

　歩行者用の信号が点滅を始めた。私が出会うことのない無数の人生が散り散りに去っていき、代わりにたくさんの車が一斉に動き始める。出会えない人の方が圧倒的に多いこの星に生まれて、それでも出会えた人たちの存在、その貴重さを、少し思い出す。

　「僕たちは寂しい生き物だから増えすぎてしまったのかな」

　ふと手の中に温かさを感じたとき、「菫」という曲の歌詞の1フレーズが生まれた。

MANPUKURON 171

映画館

22年6月

映画館。今でこそ指定席が当たり前だけど、私が子供の頃は自由席だった。事前予約ができないから人気作ともなれば大行列ができて何時間も外で待つことになったし、入場したらみんな我先に良い席を確保しようとてんやわんや。満席の時は一番後ろで立ち見をしたり、階段部分に座って観る人もいた。現在とは随分様子が違う。各回入れ替え制でもなかったから、一度入場すればその後何回でも同じ映画を観ることができたし。

とはいってもたいていの客は一度観れば満足して退室する。私自身、同じ映画を席にとどまって連続で鑑賞した経験はただの一度きり。小学校4年生のときに池袋で観たスタジオジブリの「魔女の宅急便」だった。エンドロールで荒井由実（松任谷由実）さんの「やさしさに包まれたなら」が流れる中、終わってほしくないという思いが込み上げてきたのを今でもはっきり覚えている。客席の照明がついて、隣の席でもう帰る支度を始めていた母に「もう一度続けて観たい」と言うと、驚いたものの意外とすんなり了承してくれた。あの時の母は文句も言わず付き合ってくれて偉かったなと思う。

その日からしばらく、買ってもらったパンフレットを熟読しながら余韻に浸った。私は幼い頃から自立心が強くて、早く独り立ちしたい、どこか見知らぬ世界を自由に飛び回ってみたいという願望が人一倍ある子供だったから、主人公のキキが13歳で旅に出て独立していく姿に憧れや羨ましさがあったのではないかな。もう少し大人になって私にも挫折と呼べるような体験があった後では、ある日突然飛べなくなってしまうキキの絶望が痛いほどわかるようになった。さらにもっと大人になると、この物語に登場するキキ以外の魅力的な女性たちに共感したり励まされるように。キキより少し年上の絵描きウルスラ、居候先のパン屋のおソノさん、母のコキリ、キキにパイの配達を依頼する老婦人。各世代の女性たちが皆、まるで過去の自分自身を見つめるようなあたたかさでキキを応援している。そんな彼女たちの目を通して、かつて少女だった自分を思い出し、今を生きている自分の成長に気づくこともできるのが、この作品最大の魔法であると今は感じる。何度も観るたびにその時の自分にフィットする映画なのだ。

　のちに「やさしさに包まれたなら」をカヴァーしてリリースしたり、一人旅で「魔女の宅急便」の街並みの参考とされたのではと言われているポルトガルやクロアチアにも実際に足を運んだ。1枚のチケットで二度も観たあの体験が、私の人生に大きな影響を残したことは間違いない。最近は最新映画もスマホで観られる時代になり、

　コロナの影響も重なって小さな古い映画館はどんどん閉館しているって話を聞いた。大きなスクリーンで誰にも邪魔されず没頭でき、全身で感動を味わえる映画館という特別な場所が、いつまでも無くなったりしませんように。満腹。

MANPUKURON 172

伝説のハンバーグ

22年7月

夫は中学1年生の時、約3ヶ月間病院に入院して過ごした。重度の喘息のためだ。最初の2週間は集中治療室で、命も危ぶまれるほどの状態だったという。少し容体が落ち着いてくると、今度は寂しさと心細さが押し寄せてきた。家族と離れ、学校へも行けない日々。

そんな中、一番のお楽しみは2週間に一度の差し入れの日だった。小児科病棟にいる子供達の家族が輪番で、何か食べ物を持ってきて全員にお裾分けする。ある人はお団子を、ある人はプリンを買ってきてくれた。代わり映えのしない毎日が続く病院生活の中で、一気に彩りが溢れるような瞬間。誰もが自然と笑顔になって、痛いことも苦しいことも忘れられる気がした。

一方、夫の母は密かに頭を悩ませていた。次の金曜日は我が家が差し入れを持っていく番。だけどすでに子供達の喜ぶようなお菓子は出尽くしている。お菓子屋さんを覗いてみたけれど、なんだかピンとこない。何より、青瓢箪《あおびょうたん》みたいな顔をしてまだまだ家に帰れそうもない息子を思い切り笑顔にできるような特別なものがいい。そこで、息子の大好物であり自分にとって一番の得意料理でもあるハンバーグを届けようと思い至った。

義母は10代の時、山形から単身上京して銀座の割烹料理店に住み込みで働き始めた。将来の夢は家族に美味しい料理を振る舞える素敵なお母さんになること。とにかく料理の基礎を学びたい一心で、花嫁修行代わりに割烹の下働きをしたのだ。出汁の取り方、イカの捌き方、野菜の切り方。数年働いて和食のことがだいたいわかってくると、違うジャンルの料理も覚えたくて今度は京橋にある洋食店に勤めた。その店の看板メニューだったのがハンバーグ。ランチタイムにはハンバーグ目当ての客で長～い行列ができたのだとか。義母は毎朝早く出勤すると膨大な量の玉ねぎをみじん切りにし、飴色に炒め、ひき肉をこねて成形するまでをほとんどひとりでこなした。肩が凝ってクタクタだったけどお客さんが「おいしかったよ」と言ってくれると全てが報われる気がした。

　時は流れ、結婚し家族を持った母は、修行の成果を発揮して毎日手の込んだおいしい料理を惜しみなく振る舞った。中でも名店仕込みのハンバーグは自慢の一品。だけどあの店の味、特にソースの味を自宅で再現するのには工夫が必要で、試行錯誤を重ねてようやく辿り着いたのだという。その特製ハンバーグを、食べやすいように小さなコッペパンに挟んで、金曜日の差し入れとして持参したのだった。

　子供たちの反応は想像を超える大好評。しばらく小児科病棟の話題を独占するほどの熱狂ぶりだった。母の手料理をみんなに褒められて、息子も鼻高々だったとか。

　さて、その伝説のハンバーグのレシピを義母から詳しく教えてもらった私は、他で聞いたことのないような超面倒臭い工程に思わず唖然！　そんなに手間のかかること、家族の誰も見ていないところで淡々と、あの人は毎日続けていたんだ。「おいしかったよ」の一言のために。満腹。

きっちゃんの
"伝説のハンバーグ" 復刻レシピ

〈材料〉
合いびき肉・・・250g
牛ひき肉・・・100g
玉ねぎ・・・1個（1／2個分はみじん切り100g）
（1／2個分は薄切り100g）
A 卵・・・1個
パン粉・・・1／4カップ
牛乳・・・大さじ2

塩・・・小さじ1／2
こしょう・ナツメグ・・・各少々
サラダ油・・・小さじ2＋小さじ2
水・・・2カップ
トマトペースト・ケチャップ・ウスターソース・・・各大さじ1
赤ワイン・・・大さじ2＋大さじ3
バター・・・大さじ2
ハヤシライスルゥ（またはハッシュドビーフの素）・・・40g

〈作り方〉

1. フライパンにサラダ油を中火で熱し、玉ねぎのみじん切りに塩（分量外）をふりながら1分ほど炒める。全体に透き通ってきてところどころ茶色くなってきたら弱火にし、茶色くなるまでさらに5分ほど炒める。全体にしんなりして色が変わったら、バットに取りだし粗熱を除く。パン粉は牛乳でふやかす。

2. 小鍋に水を沸かし、合いびき肉50gをゆでる。ゆで汁1カップはアクを除きおいておく。合いびき肉をざるに取り粗熱を除く。

3. 大きめのボールに残りの合いびき肉と牛ひき肉、塩（分量外）を加えて練り、A、1、2を加えよく練り混ぜる。ボールの回りが脂で白っぽくなるまで練って空気を抜き、4等分の小判型に成形し中央をくぼませる。

4. フライパンにサラダ油を中火で熱し3を入れ、両面を1分半ずつこんがりと焼き、赤ワイン大さじ2をふり入れ蓋をし弱火で6分ほど蒸し焼きにする。途中1度返す。

5. 小鍋にバターを熱して溶かし、玉ねぎの薄切りを加えて弱火でじっくり3分ほど透き通るまで炒める。トマトペーストを加えなじませるように炒め、赤ワイン大さじ3とゆで汁1カップを加え煮立たせる。煮立ったら火を弱め、ハヤシライスルゥを加え溶かし、ケチャップとウスターソースを加えて弱めの中火で5分ほど煮こむ。フライパンの肉汁が残っていれば加え、砂糖（分量外）をお好みでひとつまみ加えて味を調える。

6. 器にハンバーグを盛り、ソースをかける。

〈坂本真綾コメント〉

料理研究家の堤　人美先生にエッセイを読んでいただき、私も義母にあらためて確認したり、夫の記憶をリサーチして、この復元レシピを作っていただきました。実際に義母が作っていたやり方と同じではないですが、だいぶ近づくことはできたのではないかと思います。このように手のかかる作業を苦に思わず子供達の喜ぶ顔を楽しみに台所に立っていた義母の愛情が伝わってきます。

書き下ろしエッセイ

きっちゃんのキッチン

義母について書かなくては。

私たち家族は親しみを込めて彼女を「きっちゃん」と呼ぶ。

きっちゃんの手料理伝説は他にもたくさん聞いている。たとえば、家族の中に赤味噌派と合わせ味噌派がいて、お味噌汁はいつも2種類作っていたとか。ベシャメルソースは即席のものは使わず小麦粉とバターでじっくり手作りしていたとか。1日3食、子供のお弁当も、お父さんのおつまみも、全部手作り。

私が結婚して初めて夫の実家で過ごしたお正月、作り置きしてあったきんぴらごぼうを「これ温めてから出さないと」と言ってフライパンで炒め直している姿を見た。私ならレンジでチンで済ませるところだけど、きっちゃんは「お鍋で温め直すのが一番美味しいからね」と。りんごは、半分は皮付きのまま、半分は皮を剥いて、一口サイズに切り分けていく。歯触りのバリエーションがいろいろあって食べるときに楽しいからだそうだ。そこに果物缶のシロップをすこーし加えて和えて、食卓に出す。色止めのため塩水につけると味が変わってしまうからこの方がいいんだって。「手抜きなのよ、ごめんね」と言いながら市販の鍋の素を使ってカニすき鍋をしたときには、お義母さんも既製品使うことがあるんだ、よかった〜と親近感を覚えたのも束の間、味見をしながらいろんな調味料を足してどんどん整えていく。やっぱり自分の流儀がある。

お正月の定番のお雑煮は、きっちゃんの出身地である山形の味〝芋煮〟にお餅を入れたスタイルだ。具沢山で熱々で、三ヶ日の間ずっと何杯でも食べられる美味しさ。レシピが知りたいと思って「教えてほしいなあ」と気軽に口にした私に、「まず大根は大根、里芋は里芋、というふうに具材ごとに下茹でして、それから…」と信じられない工程の細やかさだった。芋煮って、でっかい鍋にどんどん具材入れてとにかく煮ればいいんだと思っていたけど、煮崩れ防止のために下準備が大事なのだそう。こんな感じでとにかくひとつひとつすべてにひと手間かけていく。嫁は一緒にキッチンに立って手伝わなければと、結婚してすぐの頃は意気込んでエプロンを持参していた私だけど、きっちゃんのキッチンはきっちゃんのお城であり戦場であって、彼女の長年のマイルールで溢れている。それに人に何かしてもらうより、自分がしてあげることに喜びを見出す人なのだ。手伝うことよりも、作ってくれたものをなるべくいっぱい食べて帰ることが、私なりの恩返しと思ってきた。お正月はフードファイターのように、とにかく限界まで食べるのが私の仕事。実際とても美味しいんだから、幸せなことだ。

昭和は今よりも専業主婦である女性の割合は多かったと思うけど、それにしたってきっちゃんは特にプロの、一流の、専業主婦であった。私の母も一生懸命やってくれていたけど、冷凍技術が徐々に向上していた時代でもあり、下ごしらえの済んだ冷凍食材やレトルトのものもうまく使ってやりくりしていた。そっちのほうが一般的であったと言えるんじゃないだろうか。きっちゃんの手の込んだ手料理が毎日食卓に並ぶ家庭で育ってなんて幸せな食育環境なのと夫を羨んだが「でも当時は好き嫌いが多すぎて、ありがたみがわかっていなかったかも」と言う。ねぎもナスもほうれん草もキャベツもトマトもにんじんも嫌いなワガママ長男は、それらを食べやすくするため細かく刻んで餃子に入れた母の苦労も知らず、口にしないことがあったらしい。罰当たりな！

大人になった夫は、嫌いな食べ物がひとつもない。なんでも美味しく食べることができる。いったいどうやって克服したのかと問うと、東京に一人暮らしをし始めたことがきっかけになったそうだ。先輩に連れられて行ったレストランで食わず嫌いの野菜が出てきてもまさか残すわけにいかず、意を決して口にしてみたら意外と美味しくて驚いたりして。きっちゃんの頭をずっと悩ませてきた息子の好き嫌い問題は、自立とともにあっという間に解決してしまった。親の心子知らず。きっちゃんにとっては一緒に暮らしていた頃の息子のイメージが強いから、目の前でなんでも美味しそうに食べる姿を見るといまだに「健ちゃん、ねぎ、食べられるの？　本当に？」と目を丸くする。今ではすっかり食べ歩きが趣味となった夫だけど、それはやっぱりきっちゃんの与えてきた食育環境が幼い頃からベースにあったからこそ、味覚が養われたんじゃないかと私は思う。

義父は「昔、会社の人たちを家に連れてくると、お母さんがよく天ぷらをやってくれた。それがみんなに大好評で鼻が高かった」と懐かしそうに話す。10代で単身上京して花嫁修行代わりに住み込みで働いた銀座の割烹仕込みの天ぷらだもの。お店で出るようなクオリティだったそうだ。コツを聞いたら、衣をきっちり冷やすことなんだって。

きっちゃんが毎日料理をすることが少し大変に思えるようになったのは80歳をすぎてから。若々しいとはいえ年齢を考えれば、長時間キッチンに立ったり、肩の凝るみじん切りや、大きなお鍋を出し入れするのは重労働だと思う。何かを振る舞いたいという気持ちはあるのに体力が伴わず、自分でも歯痒く思っている様子。

きっちゃんが妻として母として奮闘してきた時代のことを想像してみる。夫と、子供3人と、犬いっぱい。惜しみない愛情で365日休みなく炊事洗濯掃除のすべてをひとりでこなし、家族の健康管理をし、だからってお給料やボーナスがもらえるわけでもなく、毎日感謝の言葉が聞けるわけでもなく。なんという覚悟、バイタリティだろうか。嫁という距離感の相手にだからこそ以前こっそりこぼした「私は召使いじゃないぞ！って、何度思ったことか」という言葉。そうやって笑い話にするまでに、どれだけのドラマを越えてきたんだろう。

最後にもうひとつ、私の好きなエピソードを。夫が小学生の時のこと。楽しみにしていた遠足の日の朝、起きると雨の音がした。遠足が雨で中止になっちゃった！と泣きながら起きてくると、雨音だと思っていたのは、きっちゃんが天ぷらを揚げている音だった。

「遠足のお弁当、海老天だよ」

振り向かずに言う母の声に、なんだかとても安心し、幸せな気持ちになったという。

私はもちろんその場にいたはずもなく、見たこともない光景のはずなのに、なぜかとても懐かしく、その背中を思い出せる気がする。子の心親知らず。母は忘れているような些細な日常のひとコマが、子にとって幸せのカケラとしていつまでも心に刺さることもある。

誰かのために日々、料理を作る。その作業は本当に孤独で、地味だけれど、食べる人の人生の礎になるような重大な任務。母になった私も、疲れていても急いでいても、ハチマキをしめるような気持ちでエプロンの紐を結び、向かうのです。戦場であり、お城でもあるキッチンへ。

MANPUKURON 173

食育インストラクター

22年8月

食育インストラクターの資格を取りました！

といっても食育インストラクターの資格の中でもプライマリーという一番難易度が低い入門階級にあたるもので、講座を修了すればほとんど誰でも取得することのできるとても簡単な資格です。でも取得することができて私はとても嬉しいです。今後履歴書を書く機会があれば堂々と書くのであります。

まず教科書を開いて勉強するという行為自体すごく久しぶりで楽しかった。テストに出そうな太字のところだけじゃなく、欄外のコラムもじっくり読み込む。日々の生活にすぐ役立つ知識ばかりだから自然と頭に入ってきます。毎日の食事の時間には、この野菜の旬はいつで、どんな栄養があって……と思い出しながら食べました。確認したいときにはすぐに調べられるように食卓に食材図鑑を用意しながら。なんと勉強熱心なことでしょう。学生時代はあんなに勉強が嫌いだったのに大人になると学び直したくなるのは不思議なものです。

スーパーで買い物をするとき、今までは産地と賞味期限くらいしかチェックしていなかったけど、色々な安全基準のマークの意味を知るとさらに商品のことがよくわかるようになったし、添加物の表示もじっくり見るようになりました。「ノンシュガー」と「砂糖不使用」の違いとか「甘さ控えめ」と「糖分控えめ」の表示の違いが意味するものなど、全然知らなかったこともたくさんありました。

食育の勉強をしたと話すと、きっとオーガニックとか減塩とか地産地消とかそういうことにこだわって〝丁寧な〟生活してるんだろうなと思われるかもしれません。もちろん今回はそういう知識を学んだわけだけど、その上で私が改めて感じたことは、食事は空腹を満たし栄養を摂るだけが目的なのではないということです。

私が子供のときから食に興味を持つようになったのは、たぶん子役時代にいろんな大人と食事をした経験によるものだと思います。劇団の先生や共演者の皆さんと一緒にレストランでランチをすれば、学校の給食や家庭の食卓には登場したことのなかったパクチーや八角など独特な香りのするものに初めて出会って驚いたり、大人が「やっぱり山形の蕎麦がいちばん好き」と発言すれば、蕎麦にもいろいろな地方の特色があるらしいと気づくきっかけになったり。たとえ自分の好みの味じゃなくても、誰かと一緒にニコニコしながら食べると美味しく感じられました。家族以外の大人とテーブルを囲む中で、箸の使い方や会話の言葉遣いなどのマナーも自然と意識するように。そうやって知らず知らずのうちに食育というものを受けていたのかもしれません。

今食べたものが未来の自分の健康を作るのと同じで、今誰かと分かち合う時間が未来の自分の価値観につながっている。食に興味を持って、食を大切にするということは、自分に興味を持ち自分を大切にするということ。さあ、あなたは今日、何を、どんなふうに食べますか？　満腹。

MANPUKURON 174

私だって

22年9月

10年通っている美味しい和食屋さんがある。ご夫婦で営んでおり、ご主人が作るお料理と奥様の笑顔は地元の人々の心を鷲掴みにしている。メニューには唐揚げや餃子、コロッケなど定番のほかに、季節の食材を使ったその時しか味わえない特別なものが並んでいて、いつ行っても何か新しい一皿に出会えるから楽しい。味付けが塩分控えめで家庭料理のような親しみやすさがあり、でも一口食べればどれだけ手間をかけて準備したものかがわかる繊細なお料理なのだ。

ある冬の凍えそうな寒さの晩、震えながら席について最初に差し出されたお通しが鮭の粕汁だったことがあった。湯気が立ち上り、一口食べれば今日一日の疲れが癒され芯まで温まる、食事というよりもはや薬と言ってもいいような心身に沁みる一品だった。お通しって日本特有の商習慣で、不要だっていう人もいるけど、こんなふうにお客さんのことを想っておもてなしの気持ちを表していただけると、一気にファンになってしまう。お通しで、その店の性格というものが伝わってくるような気がする。

そんなお気に入りの店なのにコロナ禍でしばらく足を運ぶことができず、先日やっと1年半ぶりに夫と二人で店を訪れた。扉を開けると「あら！ おひさしぶりです〜」と奥様がいつもの優しい声で迎えてくれる。変わらない様子にひと安心。すると普段は厨房から出てくることの滅多にないご主人までもが小走りにやってきた。そんなにも私たちのことを待っていてくださっていたなんて感激！と思ったのも束の間、突然「お疲れ様です！ ヤン中尉！」と敬礼された。白髪混じりの渋いおじさまといったイメージだったご主人が、いたずらっ子の少年のように目をキラキラさせている。一瞬何が起きたのかわからなかったが、どうやらアニメ「銀河英雄伝説 Die Neue These」でヤン・ウェンリー役の声優を務める夫に対する一言であると、少しの間の後で気づいた。やはり面食らっていた夫も意味を察すると「え？　ご存知だったんですか～」と照れ笑い。何年もここに通っているけれど、自分たちの職業について話したことはなかった。ところが最近料理の仕込みをしながら偶然夫のラジオ番組を聴いたことがきっかけで知ることになったらしい。あの常連客が、昔から大好きな銀英伝の新作でヤンを演じている声優だったとは！と、興奮が止まらない様子なのであった。

もともと感じの良いご主人だったけれど、この日の笑顔は特別だった。食事を終える頃にもまた厨房から出ていらして、なんだかんだ夫に話しかけている。物語の中のヤン中尉への憧れがそのまま夫に向けられているような感じ。もはや私の存在は見えていないらしく、目も合わない。寂しい。「あのう、私だってアンネローゼ様なんですけど」と言いたくなるのをグッと堪えつつ味噌汁を飲み干す。ああ、今日もご主人の作る味噌汁は美味しい。満腹。

MANPUKURON 175

インチキ(?)占い師

22年10月

　いつからか、年始にお送りするファンクラブの会報の中で「占いコーナー」を掲載するのが毎年の恒例となっている。会員番号をもとに、その年がどんな一年になるか予言するのだ。といっても書いているのは私だし、私は占いなんてできないし、むしろ占いってやつをあまり信じていない。そんな私が堂々と占いコーナーを執筆するなんて詐欺だと怒られたらどうしよう、と少しびびりながらも続けているが、今のところそういったクレームは一度も聞こえてこない。それどころか、これを毎年楽しみにしてくださっている会員さんもたくさんいる。

　こんな私だけど過去にはお金を払って占ってもらったこともあった。友人がとても当たると評判の占い師さんの予約が取れたから一緒に行こうと誘ってくれたのだ。その占い師さんのファンには著名人も多く、とても多忙な方なのでこんな機会は貴重なのだとか。私は当時、現在の夫と「もしかしたら結婚するかもしれないなー」とぼんやり思っていた時期で、結婚相手としてどう思うかを占ってもらうことにした。すると「あなたはまだ運命の人と出会っていない」と言われた。つまり、別の人との出会いを待てということだったのだけど、結局その助言を無視する形で私はほどなく結婚してしまった。結婚11年目の現在の感想としては、あの占いに従わなくてよかったと思っている。

　でも世の中には、こんなふうに占い師さんに言われると本当に思い詰めて結婚をやめてしまう人も一定数いるという。自分が日々積み重ねてきた人間関係よりも、何も知らない占い師の言葉を選ぶというのは、私にとっては驚きの発想だ。自分の決断に自信が持てないときに誰かに背中を押してもらいたい気持ちはわかる。彼らは本当はもう欲しい答えは決まっていて、その判断でいいよと示してほしくて占いを利用しているのかも。

どこまで信じるかは人それぞれだけど、占いには「こうだったらいいな」という未来を引き寄せる力があるという見方はできる。「お金がたまるよ」と言われたら「お金を大事に使おう」と意識したり、「出会いがあるよ」と言われたら「おしゃれして出かけようかな」と気をつけたり。その向こうに、占い結果と合致する未来が待っているのかもしれない。逆にもし「不幸になる」と言われたら、たとえ幸せいっぱいの時でも「この幸

せはいつか終わるのだ」という謎の予言に怯えながら暮らしてしまうかも。だとすれば占い記事の役割は、ただわくわくするような未来だけを書き綴り、読む人を明るい方へ手招きすることだ。人は想像することさえできれば、あとは勝手にそれを掴み取るために動き出せる生き物だと思うから。

そういうつもりで私は例の占いの原稿を、毎年じっくり時間をかけて真剣に書かせていただいている。ファンクラブ会員さんの新しい年が明るいものでありますようにと心を込めて。だから詐欺でもインチキでもないのです。妙に当たると評判ですし。

満腹。

MANPUKURON 176

世知辛え

22年11月

“BABY IN CAR”と車に貼られたステッカーを見かけるたびその宣言の意図がよくわからなかった。自分が子供を持つまでは。

初めて我が子を車に乗せたのは出産した病院から退院するときだった。チャイルドシートにふにゃふにゃの豆腐みたいな新生児を乗せた。夫が運転し、私が後部座席に乗って赤ちゃんの隣で様子を見守ったが、少しの段差を乗り越えるだけでも豆腐には大きな衝撃なのではと心配でどきどきした。こんな繊細な生き物、自分の命よりも大切な存在を乗せてハンドルを握ると普段よりもっと慎重になる。もちろんいつだって慎重に運転すべきだけれど、それにしてもだ。もう少し成長すると今度は何かいたずらしていないか注意を向けなければならないし、さらにもっと成長したら「黄色信号は止まれ」と教える以上自分も手本にならなければならないだろう。

でも都会の道はいつだって車もバイクも自転車もたくさん走っていて、しかもみんな急いでる。今でも忘れられないが、私は教習車で初めて路上に出た日に後続の大きなトラックに激しくクラクションを鳴らされてものすごく怖い思いをした。一時停止の場所で教官に言われるまま左右を確認していただけなのだが、教習車であることをわかっていても待てずに威圧してくる人がいるんだから世知辛え。だから子供を乗せているとき「ゆっくり走るけど煽らないでね」と宣言しておきたい気持ちはわかる。周囲への発信というよりもしかしたら自分が心穏やかに運転するための精神的なお守りなのかも。似たような意味合いで配送用の車が「私は法定速度を守ります。お先にどうぞ」などと書かれたステッカーを貼っていることがあるが、正しいことをするのにわざわざ宣言しなければならないとは世知辛え。

　そして何よりも私がこの表示が必要だと思った理由として、もし事故にあった場合大人が意識不明で伝えることができない状態だとしても、救急隊員がステッカーを見れば必ず後部座席に取り残されている子供がいないか確認してくれる。そのための意味もあるということを知ったからだ。

　しかし色々調べていたら、このステッカーを貼っていることで逆に煽られたり嫌がらせを受けるケースもあるらしい。マタニティマークをつけて歩いている妊婦にわざとぶつかってくる危険な人もいるって報道番組でやっているのを見たことがあるけど、まったくこの世の中どうなっているんだ。ああ世知辛え、世知辛え。

　だけどさ、いくら探してもおしゃれなステッカーがない。私の許せるデザインのものがないんですけど。だいたい「BABY IN CAR」って英語としておかしくない？　でも日本語表記も微妙。ていうかこれ貼ったらちゃんと剥がせるの？　跡つかない？　子供の安全とせめぎ合う無用な美意識。世知辛え。世の中も私の心も世知辛え。

　そんなとき、前を走る車に猫のイラストが描かれたステッカーが。

「家に猫がいます」

　思わずハハッと声を出して笑った。あーあ、今日も平和だありがとう。満腹。

MANPUKURON 177

芋づる式

22年12月

最近子育てをしている中で、これまでまったく思い出す機会のなかった幼い頃の記憶が突然思い起こされることがたびたびある。ひとつ思い出すと芋づる式にどんどん関連の記憶が呼び覚まされて、頭の中の引き出しがあちこち無造作に開かれて散らかっていくような感じ。たとえば小児科で。

子供がいると予防接種だの風邪だの湿疹だのと、しょっちゅう病院に行くことになる。小児科というものに足を踏み入れるのは久しぶりだったけれど、その明るさに驚いた。薄いピンクの壁紙にクマさんやウサギさんのイラストが溢れ、オルゴールのＢＧＭ、先生達の白衣の胸ポケットにはアンパンマンのボールペン。子供達が緊張しないように工夫がされているのだ。それで急にはっきりと目に浮かんだのが、私が子供の頃に通っていた小児科の待合室の風景。こんな可愛らしい世界観とは何もかもが正反対だった。薄暗くて、消毒の匂いがして、いつも空気がひんやりしていたなあ。ＢＧＭなんか何もなくて、ものすごい静けさの中に時計の秒針の音だけがやけに大きく鳴り響いていた。その時計というのは壁にかけられた大きなからくり時計で、1時間に1回音楽とともに天使がくるくると回り鐘を打つのだが、それは場の雰囲気を和ませてくれるどころか逆に不気味に思えて、できれば時計が鳴る時間には居合わせたくないと思っていた。

時計のことを思い出したら、白髪でおかっぱ頭の女医さんの甲高い特徴的な喋り方まで鮮明に甦った。優しい先生だった。診察も調剤もお一人でされていた。薄いピンク色のシロップのお薬はラムネみたいな匂いで甘かった。ある日いつものようにお薬をもらって帰れるだろうと思ったら予想外にお尻に注射を打たれてあまりにも泣きすぎて気絶するように眠った日のことも。あれは何歳くらいのときの出来事だったのだろう。気がつくと母におんぶされて、家に帰る途中だった。

　母の背中越しの光景を思い出したところで、その道沿いの家の犬にいつも吠えられていたことを思い出した。大きな（子供だったから大きく見えたのかも）黒っぽい犬だった。当時は犬を外で飼う家が多かったから、あちこちの庭に鎖に繋がれた犬がいたもんだ。その犬にちょっかいを出して一度噛まれてしまったことがあったなあ。その日着ていた服まで思い出した。あの頃一番お気に入りだった、茶色の革ジャン。革ジャンって死語？　今は何て言うの？

　高校生のときに引っ越してしまったあの街、今はどうなっているかしら。おもむろにGoogleストリートビューに住所を入れてバーチャルで散策してみる。例の小児科はもうなくなっていた。私の住んでいたマンションは思いのほか綺麗なまま。少し目線を上げてみると、窓にカーテンがかかっているみたいだ。そこにお住まいの方、私の身長を刻みつけた柱の傷は、さすがにすっかり綺麗になっていますよね？　満腹。

ベツバラ　からくり時計、昭和の時代にすごく流行ったんだよね。友達のお家に遊びにいくと、結構な確率でありました。

MANPUKURON 178

喋る家電問題

23年1月

テレビをつけるとアニメや海外ドラマはもちろん、CMでもバラエティ番組でも報道番組でもとにかくずーっと知り合いの声が聞こえてくる。ラジオもそうだし、駅のホームで流れてくるアナウンスだとか、牛丼チェーンの券売機だとか、ETCカードが入っているかどうかお知らせしてくれるあの声も知り合いの声。テーマパークに遊びに行ってもキャラクターたちが知り合いの声。これってすごく、独特な生活だ。たとえば毎日会社から家に帰ってきても、休暇中でさえも、先輩や同僚の声が四六時中聞こえてきて無意識に顔が浮かんでしまう日常を想像していただくと……どうでしょう？　もう何十年もそういう生活だから慣れているとはいえ、ちょっと気が休まらないと感じることも。同業者の他のみんなはどうなのかな、別に気にならないって人も多いのかも。

私は、仕事モードを完全にオフにしたい時がある。そういう時にはテレビもラジオもつけない。ネットも見ない。気分転換するのに一番効果的な方法が料理だ。料理をしている最中は仕事のことを思い出さずに今この瞬間だけに集中することができる。料理はいくつものことを同時進行で進めなければならない複雑な作業。没頭するうちに頭の中がスッキリしていく。忙しいのに料理作ってえらいねと褒められることもあるけど、私にとっては忙しい時ほどちゃんと自炊した方が精神衛生上良い。ストレス発散なのだ。

そんなわけである意味聖域と言ってもいい我が家のキッチンで、ある日いつものように料理をしていると、どこからともなく「緒方恵美です」

という声が。えっ緒方さん!? どこどこ?と周りを見渡すと、どうやらオーブンレンジから声がしている。声優さんとコラボしてカスタムボイスをダウンロードできるサービスが始まったらしい。以来、うちのキッチンに一日に一回は必ず緒方さんが登場するようになった。深夜にヨレヨレの部屋着を着てゆるゆるに緩んだ状態のときに突然「緒方恵美です」と言われるとどうしたって反射的に背筋が伸びてしまう。

　数ヶ月もすれば慣れてきて「緒方恵美です」と言われたら「はい、おはようございます」と返せる余裕が出てきた頃、今度は「蒼井翔太です」と「西山宏太朗です」が始まった。さらに数ヶ月後、想像もしなかった展開が。声優コラボボイスの大量追加! 「諏訪部順一です」「黒田崇矢です」「森川智之です」「石川界人です」「江口拓也です」「武内駿輔です」うわうわうわうわーーーなんじゃこれーーー!! めっちゃ喋るんですけど、うちのオーブンレンジ。うるさい……良い声ばっかりうるさいよ! 朝パンを焼きたいだけなのに、ちょっとじゃがいもの下茹でをしたいだけなのに、そのたびに知り合いが「毎日お料理お疲れ様です」「一緒にお料理ができるのを楽しみにしていますね」とか良い声で言ってくる! きっとファンの方にはとても喜ばれるサービスだとは思いますが……。ああああー、私の聖域に仕事がズンズン侵入してきた……これから一体どうすれば。満腹。

MANPUKURON 179

バスケットは、お好きですか?

23年2月

中学生のとき好きだった男の子がバスケットボール部だった。想いを伝えないまま卒業し、今日まで一度も会っていない。

その人に「めちゃくちゃ面白いから絶対に読んだほうがいい」と強く勧められた漫画があった。翌週、教室に入って来るなりまっすぐ私のところへやってきて、カバンから3冊取り出し机の上にポンと置いた。「SLAM DUNK」の1～3巻だった。

「読んで面白かったら、続きも貸してあげる」

彼と仲良くなれるチャンスと思って読み始めたけれど、すぐに作品そのもののファンになった。泣いて笑って、登場人物たちと一緒に青春を過ごしているような気がした。

ついに最新刊まで追いついてしまったとき「次からは自分で買って読むよ」と一応遠慮したのだけど、なんとなく新刊が出ると彼が買って、読み終わったらすぐ貸してくれるというやりとりが27巻まで続いた。でも28巻が発売された春、別々の高校に進学し、会う機会がなくなって。

それで私は初めて自分で新刊を購入した。さらにお小遣いをやりくりして1巻ずつ買い集めていって、ついにはコンプリートしたのだった。本棚に「SLAM DUNK」が並んでいる様子は、初恋の素敵な思い出が大事に並べてあるのと同じようなもので、私には特別な光景。会えなくても、もしかしたら今も彼は新刊を買うたびに私のこと思い出してくれてるんじゃないかなって、期待したりもした。

そして数ヶ月後、ついに最後の31巻が発売に。私は買わなかった。本屋さんには何度も行って手にとったけれど。物語を見届けたい気持ち、本当に初恋が終わってしまうという寂しさ、いろんな感情で悩んで、結局また棚に戻す……を繰り返しているうちに気づいたら25年が経っていた。

２０２２年12月「THE FIRST SLAM DUNK」が公開になった。彼は絶対に劇場で観たはず。そしてエンドテロップで私の名前を見つけて椅子から転げ落ちそうになったかもしれない。まさか、坂本真綾が赤木晴子の声をやってるなんて！　42歳になって、時を超えて、私たちまた再会できたような不思議な感覚。この作品を通して、お互いに15歳の姿のままで。

アフレコの日、私にとっては憧れ、もはや神と言ってもいいかもしれない井上雄彦さんと初対面。まず作品のあらすじを説明しようとしてくださったけれどそれを遮って「知っています私の青春です」と言ってしまった。ちょっと気持ち悪かったかも。

さらに収録後、これを逃したらもう二度と会えないと思って緊張しつつも井上さんと少しだけお話しさせていただいた。どれだけこの作品が好きか。オーディションで選んでくださってどんなに嬉しかったか。勢いで、初恋の話もした。やっぱりすごく気持ち悪かっただろう……。でも、機を逃したら二度ともう一生会えなくなって後悔する可能性があること、身をもって知っているから。

晴子役として出演することが決まったとき、25年買えなかった単行本31巻をやっと買って、ついに結末を読んだ。おかげさまで私の初恋は、本当に終わったのでした。満腹。

MANPUKURON 180

こんな日が来るなんて

23年3月

ラジオ番組宛に届いた、一通のメールがきっかけだった。

初めておたよりをくれたリスナーさんで、たぶん私よりも少し年上の女性だろうか。彼女は離婚してからシングルマザーとして長年奮闘してきたけど、育児もひと段落した今、数十年ぶりに好きな人ができたのだという。ただ穏やかに誰かを想いながら過ごす日々はしみじみと幸福なものだった。いつも娘が聴いている坂本真綾という歌手の曲は、今まで正直自分には刺さっていなかったけれど、恋をしてから聴くとあの曲もこの曲も胸に沁みて、すっかり大好きになってしまったと。そんなふうに書いてあった。

この短いメールの文面だけで、どんな人なのか、どんな人生なのかなんて、私にはまったく計り知れないけれど。でも彼女が今両手で大事に抱えているあったかいものがじんわり伝わってくる気がして、なんだかグッときた。

何ごとにおいても年齢は関係ない、今日が一番若い日だ！と高らかに言い続けてきた私。でも40歳を過ぎてからは歯切れの悪い場面も増えてきた。老いとか衰えというものをリアルに実感してしまう瞬間はあるのだ、ぶっちゃけ。新しいことを始めるのは腰が重いし、若い人のパワーに圧倒されることもあるし。時代の流れについていこうとすると疲れる。それでも尻を叩いて鼓舞してハッタリをかまして、なんとかかんとかやっている。人生はもう折り返しただろうか。復路は体力削られてしんどくなる一方かもしれない。見慣れた景色の中を走るばっかりで、新鮮味だとか次の展開だとか、この先あんまり期待できないのかもしれない。なんて、思っちゃう日もある。
　でも、そうだよね。いくつになったって、きっと予想を超えた出来事にはまだまだ出会えるはずなんだ。明日何が起きるかなんて誰にもコントロールできるものじゃないんだもの。夢中になれる何かや、心踊るような何か。それがいつどんな形で目の前に現れるかわからない。ひとたびそれが現れたら「歳をとったから」なんて理由じゃ避けられないほど強い力で引き寄せられてしまうに違いない。そして今まで気にも留めなかったような当たり前の景色が急に煌めき出したり、新しい価値観に到達したりするんだ。私たちはいつだってその可能性の中に生きている。変化を受け入れる覚悟さえあれば、人生は動き続ける。

「こんな日が来るなんて」という曲は、このメールにインスピレーションを受けて作ったものだ。若い人が聴いたら普通に浮かれたラブソングだと思うかもしれない。でもある程度年齢を重ねている人が聴いたら、たぶんそうは捉えないんじゃないかな。
　口では大人ぶって人生のことだいたいわかったようなふりをしていたって、心の底では全然諦めていない、そんな「いい歳した」人たちに、届いたら嬉しい。満腹。

ベツバラ　このタイトルは第120回の「まさかこんな日が来るなんて」とかなり被ってますね。すっかり忘れてました。それにしても、こんなに色々なかたちで幼い頃の憧れに大人になってからお近づきになる機会を得ているのだから、本当に幸運だなと思います。

MANPUKURON 181

もやもや

23年4月

　子供の頃、我が家にアロエの鉢植えがあった。クレオパトラは絞り汁を化粧水にしていたとか、コロンブスは船の乗組員の健康維持のために積んでいたとか言われるくらい昔から万能薬として重宝されてきたアロエ。私の家でもちょっとした傷とかやけどの時には葉の切り口を擦り付けるといいとか言って、実際にやってたと思う。中学生になって森永からアロエヨーグルトという商品が発売されたときには「え〜、うちにもあるこのトゲトゲした植物、食べれんの?」と訝しく思ったものだ。でも一度買って食べてみたら病みつきになって毎朝食べるように。そして「うちにもあるこの植物も切ってヨーグルトに入れたらこのくらい美味いんかな」と思うようになった。

　確か3歳か4歳くらいのときだ。アロエの葉から出てくる、もやもやとした透明な物体を手で触って遊んでいた。葉っぱから立ち上る色のない湯気のような、蜃気楼のようなもので、それは私にとっては見慣れたものだった。家にある他の植物からも見えたし。でもアロエの葉っぱがいちばんはっきり見えた。そっと触ると、指に少しの間くっついて、ふっと消える。それが面白くて長い時間ひとりで遊んでいたら母が後ろから「何してるの?」と声をかけてきた。「もやもやに触ってるの」と言うと「もやもや? 何それ?」と不思議そう。私が、ほらほら、と触って見せるが「何も見えない」と言う。ギョッとした表情だった。私も驚いた。お母さんには見えてない? 嘘でしょ、こんなにはっきりとあるのに! ところがどういうわけかこの日から、私にもやもやがまったく見えなくなってしまった。

なんとなくあれは「生命力」のようなものだった気がする。普通目には見えないエネルギーだけど、幼い私にはそういったものを感じる力があったのかしら。最近子育てをしている中で子供が何かを凝視しているが何を見ているのかわからないことが時々あって、アロエのもやもやのことを久々に思い出した。

確かに子供の心は純粋だ。純粋な人間にしか持ち得ない感性ってあるんだろうな。でも、大人にしか見えないものってのも、絶対あるはずだ。大人にしか見えないものについては、きっとあまりに当たり前に目にしているから誰もわざわざ話題にしないだけなのだ。大人になるほど失うものがあるということは、よく歌われる。それは大人が書いた歌詞だからだ。もしかしたら幼い子供から見れば、大人たちが何気なくやっている些細なことがいちいち神秘的で驚くべきことなのかもしれない。もしも彼らに作詞してもらえたら、誰も聞いたことのないような新しい視点の素敵な歌が生まれるかもしれないな。でも残念ながら彼らの研ぎ澄まされた感性に言語力がまだ追いついていない時期なので、それは永遠に叶わぬ夢だ。

作詞の仕事が全然進まなくて締め切りもぶっちぎっている本日。あーあ誰か代わりに書いてくれよーと独言を言ったら、物言いたげに我が子がこちらを見ていた。満腹。

ベツバラ　この“もやもや”の話については、第114回「目には見えないもの」でも触れていたなあ。いよいよネタが被りまくってますけど、しかたないよねこれだけ長い連載だもの。人間だもの。

あとがき

２００８年から連載が始まった「満腹論」。１冊目の単行本を出版したのが連載7年目の時でした。それからさらに9年の時を経て、こうして2冊目の単行本をお届けできることになりました。小さなエッセイなんですけど、毎号楽しみにしてくださっている方もいるということで、おかげさまで長く続けさせていただいております。どうもありがとうございます。

この本に収められている第82回目から第１８１回目までの執筆期間には、平成から令和になったり、コロナウイルスのために世界が混乱した時期があったり、個人的には出産を経験したりと、本当にいろんなことがありました。世の中も自分も、常に変わり続けているんだなあとあらためて感じます。日々の忙しさの中で当たり前のように感じているすべてのことが本当は貴重で。どん底に思えるような苦しい時があっても、決して永遠ではない。過去の自分が書いたエッセイを読み返しながら、そんなことを噛み締めました。

「満腹論」は現在も月刊ニュータイプにて連載中。もう第１９３回を超えました。毎月１２００文字のエッセイ提出は私の生活の一部で、ライフワークとも言えるような存在になっているわけですが、でもこれさえも〝永遠ではない〟のです。いつ最終回になっても後悔しないように、ご縁がある限り、楽しんで書きたいと思います。

この本を作るのに力をお貸しくださった全ての方にお礼を申し上げます。とりわけ、第1回目のときから毎号すてきなイラストを描き下ろしてくださっている劇団イヌカレーさんに。いつも私のエッセイの内容を踏まえて、イラストで絶妙にバランスをとってくださって、ちょうどいい温度感に整えて読者さんに届けてくれます。私自身、毎月エッセイネタを探して文章を書き下ろすのはなかなか骨の折れることではありますが、それ以上にイヌカレーさんにとってはもっとエネルギーのいるお仕事ではないかと想像します。なぜなら私の原稿が上がるのが遅くてご迷惑をおかけすることもしばしばですから……。

そして、ずっと編集担当をしてくださっている大野さんにも感謝の気持ちでいっぱいです。書くことが幼い頃から好きで、でもそれを仕事にはできないだろうと思っていた私が、こんなふうに本という形で自分の綴ったものを残す機会をいただけたことがとても嬉しいです。

今回の表紙はフランスで撮影しました。前回の表紙の、マレーシアの屋台で撮影した賑やかな雰囲気も「満腹論」らしくて好きでしたが、洗練されたカフェの窓辺でワインを待っているようなシチュエーションは年月を重ねた今だからこそできる世界観で、これもまた気に入っています。

私が書く歌詞の中に「明日」という言葉はこれまでにたくさん登場してきました。大抵の場合、明るい意味で使われています。でも実際のところ「明日」というやつは、無条件に明るく光り輝いて待っていてくれるわけではなくて、食べてみないと中身のわからないおにぎりのようなものだと思っています。かぶりついてみて、そこに入っているものが大好きな具かもしれないし、苦手なものか、罰ゲームみたいに変なものが入っているかもしれない。ハズレの具が何日も続いたら心折れそうになって、それでも大当たりが一度でも出たらすべてが帳消しになるほど幸せな気持ちになれたりして。

若い頃、明日というのは誰にでも用意されていて、当然毎日配られるものだと思い込んでいたように思います。最近は、まったくそうは思えません。だからもしも運良く差し出されたら、ありがたく「いただきます」と唱えて、何が入っているかわからない明日にえいやっとかぶりつかないと。中身がどんな味かは実はそれほど重要じゃなくて、とりあえず勇気を持ってかぶりついた自分がいるってことが、すでに最高なのではないかしら。

またいつかお会いしましょう。

坂本真綾

満腹論《まんぷくろん》
–明日《あした》にかぶりつけ–

2024年2月16日　初版発行

著者　坂本真綾《さかもとまあや》

イラスト　劇団イヌカレー

写真　羽田 誠
デザイン　日置好文
ヘアメイク　ナライユミ
スタイリング　岩渕真希
オリジナルレシピ制作　堤 人美
アーティストマネージメント　川口秀樹
編集　大野咲紀

発行者　山下直久
発行　株式会社KADOKAWA
〒102-8177
東京都千代田区富士見2-13-3
電話　0570-002-301（ナビダイヤル）
印刷・製本　図書印刷株式会社
編集企画　ニュータイプ編集部

●お問い合わせ
https://www.kadokawa.co.jp/
（「お問い合わせ」へお進みください）
※内容によっては、お答えできない場合があります。
※サポートは日本国内のみとさせていただきます。
※Japanese text only

ISBN978-4-04-114695-8　C0095